抗美援朝征战纪实

宋群基　张校瑛　主编

人民出版社

责任编辑：吴广庆　陈　晨

装帧设计：木　辛

图书在版编目（CIP）数据

抗美援朝征战纪实 / 宋群基，张校瑛 主编 . —北京：人民出版社，2021.12
（2024.11 重印）

ISBN 978－7－01－023827－2

I.①抗…　II.①宋…②张…　III.①抗美援朝战争－史料　IV.① E297.5

中国版本图书馆 CIP 数据核字（2021）第 216177 号

抗美援朝征战纪实

KANGMEI YUANCHAO ZHENGZHAN JISHI

宋群基　张校瑛　主编

人民出版社 出版发行

（100706　北京市东城区隆福寺街 99 号）

中煤（北京）印务有限公司印刷　新华书店经销

2021 年 12 月第 1 版　2024 年 11 月北京第 3 次印刷

开本：710 毫米 ×1000 毫米 1/16　印张：11.5

字数：158 千字

ISBN 978－7－01－023827－2　定价：59.00 元

邮购地址 100706　北京市东城区隆福寺街 99 号

人民东方图书销售中心　电话：（010）65250042　65289539

目　录

抗美援朝战争胜利的重要历史价值

（代序）

抗美援朝战争的伟大胜利，是中国共产党领导中国人民志愿军历经两年九个月的浴血奋战，用生命和鲜血书写的壮丽史诗。毛泽东主席在总结抗美援朝历史经验时指出："抗美援朝战争胜利是伟大的，是有重要意义的。"今天，我们应该从历史的角度来理解和认识其伟大的"重要意义"。

抗美援朝战争的伟大胜利改写了两个参战大国中国和美国的历史

中国，翻开近代史100多年来，1840年，英国帝国主义向中国发起鸦片战争；1894年，日本帝国主义向中国发动甲午战争；1900年，日、俄、英、美、法、奥、意、德"八国联军"入侵中国，攻进北京城烧杀抢掠……腐败无能的清政府，与侵略者签订了一个又一个丧权辱国的不平等条约，割地赔款，任凭西方列强欺凌、宰割，在中华民族五千年文明历史上，写下了最悲哀、最耻辱的一页。

然而，110年后的1950年，美国帝国主义在侵略我国邻邦朝鲜的同时，派第七舰队侵占我国领土台湾，并派军用飞机轰炸我东北边境城乡，把战火烧到鸭绿江边。我国的领土主权和核心利益受到严重挑战和威胁。中共中央和毛泽东主席，以中华民族特有的不畏强敌、大义凛然、敢于斗争、敢于胜利的英雄气概，以无产阶级特有的家国情怀、浩然正气、博大胸怀和胆略气魄，毅然作出"抗美援朝、保家卫国"重大战略决策，由优秀中华儿女组成中国人民志愿军，跨过鸭绿江，同朝鲜人民军并肩抗击美国侵略者。经过两年九个月的浴血奋战，终于取得了抗美援朝战争的伟大胜利。这场战争，结束了中国百余年来任人欺凌、宰割的悲哀、耻辱历史，谱写了中华人民共和国光辉灿烂的开国历史。

1953 年 9 月 12 日，彭德怀司令员在由毛泽东主席主持召开的中央人民政府委员会第 24 次会议上作《关于中国人民志愿军抗美援朝工作报告》时，庄严地向世界宣告，抗美援朝战争胜利雄辩地证明：西方侵略者几百年来只要在东方一个海岸上架起几尊大炮就可以霸占一个国家的时代是一去不复返了。他豪迈地指出："一个觉醒了的、敢于为祖国的光荣、独立和安全而奋起战斗的民族是不可战胜的！"这充分彰显了中华民族、中国人民、中国军队和人民共和国的自信和自豪！

美国，作为当时世界上最强大的帝国主义国家，于 1950 年发动了朝鲜战争，凭借其拥有陆海空军立体作战能力和世界最先进武器装备的绝对优势，在朝鲜战场上耀武扬威，并不把中国人民志愿军和朝鲜人民军放在眼里，妄图快速占领全朝鲜，继续称霸世界。然而，它却未曾料到，在战场上碰上了一支已经睡醒的"东方雄（狮）师"。双方经过几次战役的博弈和较量，号称世界头号强国的美国军队连同以它为首的由 16 个国家军队组成的"联合国军"，难以抵挡志愿军的强大攻势，节节败退……美国两任总统杜鲁门、艾森豪威尔，三任"联合国军"总司令麦克阿瑟、李奇微、克拉克，费尽心机，用尽招数，均未能挽回败局，做了一场悲惨的战争"噩梦"。

美国四星上将、"联合国军"最后一任总司令克拉克将军曾沮丧地哀叹："我获得了一个不值得羡慕的荣誉，那就是我成了历史上在没有胜利的停战条约上签字的第一位美国陆军司令官。我感到一种失望的痛苦。我想，我的前任麦克阿瑟和李奇微两位将军一定具有同感。"美国著名政坛要人哈里曼也承认："朝鲜战争是一场苦涩的战争……是美国第一次没有凯旋班师的战争。"美国当年参战老兵、五星上将布雷德利出版了一本关于"美国人的反思"著作，书名就赫然写着《朝鲜：我们第一次战败》。这场战争，结束了"美军不可战胜"的神话。

抗美援朝战争的伟大胜利续写了中华民族五千年文明历史的崭新篇章

习近平总书记对抗美援朝战争和抗美援朝精神，作出了高度概括、精辟论述和历史评价：在波澜壮阔的抗美援朝战争中，英雄的中国人民志愿军始终发扬祖国和人民利益高于一切、为了祖国和民族的尊严而奋不顾身的爱国主义精神，英勇顽强、舍生忘死的革命英雄主义精神，不畏艰难困苦、始终保持高昂士气的革命乐观主义精神，为完成祖国和人民赋予的使命、慷慨奉献自己一切的革命忠诚精神，为了人类和平与正义事业而奋斗的国际主义精神，锻造了伟大抗美援精神。

伟大的抗美援朝精神，是中国共产党人和人民军队崇高风范的生动写照，是中华民族传统美德和民族品格的集中展示，是以爱国主义为核心的民族精神的具体体现。这种精神永远是中国人民的宝贵财富。

抗美援朝战争的伟大胜利，是在特殊的历史时期，特殊的历史条件下，由中国共产党正确领导，英明决策；毛泽东、周恩来等老一辈无产阶级革命家高瞻远瞩，运筹帷幄；全国亿万人民开展轰轰烈烈的伟大爱国群众运动，全力以赴支援前线；彭德怀司令员率领百余万志愿军将士，浴血奋战，流血牺牲而共同创造出来的一部辉煌历史，为中华民族五千年文明历史续写了光辉灿烂的崭新篇章，使伟大中华民族真正屹立于世界民族之林！

伟大的抗美援朝精神，是百余万志愿军将士用青春、热血和生命锻造出来的，志愿军的丰功伟绩，值得我们永远牢记和歌颂。今天看来，每位志愿军将士，只要去了朝鲜战场，参加了这场震惊世界的伟大战争，不论当年是否被有关领导机关授予英雄、模范、功臣等荣誉称号，他们都可以称得上是中华民族的英雄，人民共和国的功臣，全中国人民永远尊崇、敬佩、爱戴的"最可爱的人"。历史不会忘记他们，人民共和国不会忘记他们，全国人民不会忘记他们，我们的子孙后代也永远不会忘记他们！他们创立的不朽历史功勋，将永载中华民族和中华人民共和国的光辉史册！

抗美援朝战争的伟大胜利谱写了中华人民共和国高速发展的辉煌历史

我们回顾历史，追根溯源，不能忘记新中国刚刚诞生一年，就遭遇了当时世界头号强国美国帝国主义的挑战和威胁。在面临百废待兴，急于发展经济，医治战争创伤的历史背景下，是否出兵援朝，是一个绕不过的艰难抉择。1950 年 10 月 5 日，在中央政治局讨论是否出兵朝鲜的会议上，彭德怀同志有一段对中央决策出兵抗美援朝起到重要作用的发言："出兵朝鲜是必要的。打烂了最多就等于解放战争胜利晚几年。如果美军摆在鸭绿江边和台湾，它要发动侵略战争，随时都可以找到借口，如果等美国占领了朝鲜半岛，将来的问题更复杂。迟打不如早打，打完了再建设。"这充分彰显了中国共产党人对战争局势的远见卓识，对世界形势的高瞻远瞩。历史已经雄辩地证明：如果没有当年抗美援朝战争的胜利，就不会有今天中国的飞速发展、强势崛起、综合国力大大增强而傲然屹立于世界的东方。

抗美援朝战争的胜利，不仅大大提高了中华人民共和国在世界上的重要地位和国际威望，而且极大地振奋了全中国人民的精神，激发了高度的爱国热情，彻底改变了长期被外人污为"一盘散沙"的社会形态和"东亚病夫"的精神状态，形成了一股强大的凝聚力和向心力，增强了中华民族的成就感和自豪感。鼓舞和激励亿万中国人民，在中国共产党英明正确领导下，意气风发，团结奋斗，全力投入新中国的建设事业之中，不仅很快医治了多年战乱造成的历史创伤，使国民经济得到迅速恢复，并走上正常、健康的发展道路，而且为新中国的历史发展赢得了70多年宝贵的和平建设时期。

"抗美援朝战争伟大胜利，是中国人民站起来后屹立于世界东方的宣言书，是中华民族走向伟大复兴的重要里程碑，对中国和世界都有着重大而深远的意义。"这一战，拼来了山河无恙、家国安宁，充分展示了中国人民不畏强暴的钢铁意志；打出了中国人民的精气神，充分展示了中国人民万众一心的顽强品格；让全世界对中国刮目相看，充分展示了中国人民维护世界和平的坚定决心；人民军队战斗力威震世界，充分展示了敢打必胜的血性铁骨；再次证明正义必定战胜强权，和平发展是不可阻挡的历史潮流。

让我们在以习近平同志为核心的党中央坚强领导下，认真贯彻党的二十大精神，以习近平新时代中国特色社会主义思想为指导，同心同德，砥砺奋进，为建设富强、民主、文明、和谐、美丽的社会主义现代化强国，实现中华民族伟大复兴的中国梦而不懈奋斗！

（张校瑛　宋群基）

中国人民志愿军抗美援朝
出国作战首战告捷

　　抗美援朝战争是中国人民为支援朝鲜人民，保卫中国安全，维护亚洲及世界和平而进行的一场反侵略正义之战。1950年10月上旬，南朝鲜军和"联合国军"先后越过三八线，并于10月19日攻陷平壤，企图在感恩节前占领全朝鲜。此前，中共中央和毛泽东主席应朝鲜劳动党和金日成首相的请求，已决定出兵抗美援朝。就在平壤沦陷的同一天，10月19日，中国人民志愿军在彭德怀司令员的率领下，跨过鸭绿江，向朝鲜境内开进。

　　"联合国军"攻陷平壤后，于10月21日起，开始由平壤、元山一线，向朝鲜北部边境全线推进。由于未察觉到志愿军入朝，"联合国军"仍以团和营为单位，放胆分兵冒进，乘汽车沿公路长驱直入。因东、西两线部队之间

志愿军沿清川江向前线进发。（馆藏照片）

被狼林山脉阻隔，敞开 80 英里（约 130 公里）的缺口，"联合国军"各师、团之间逐渐处于分散行动、各自为战的状态。特别是西线，南朝鲜军第 6 师、第 7 师、第 8 师，贪功心切，推进速度不断加快，与美国部队脱离了联系。毛泽东主席敏锐地抓住了这一战机，决定改变之前确定的"防御作战"计划，采取在运动中各个歼敌的作战方针。彭德怀司令员按照毛泽东主席的指示，立刻部署歼灭冒进的南朝鲜军几个师。

此时，美军和南朝鲜军的北进速度不断加快，但志愿军由于徒步行军，又是昼伏夜行，行进速度缓慢。中共中央和毛泽东主席根据战场形势，及时调整作战计划。随着麦克阿瑟解除了在距朝中边境 40 英里范围以内使用非朝鲜部队的命令，西线美第 8 集团军调整部署，不仅令南朝鲜第 2 军团加速北进，而且令美第 1 军团部队渡过清川江，

志愿军召开动员大会，号召指战员们英勇作战，夺取第一次战役的胜利。（馆藏照片）

向朝中边境加速推进。

10月25日凌晨，志愿军第40军先头2个师第118师进入北镇以东，第120师进入云山以北的预定位置，采取诱敌深入的战法，将冒进的南朝鲜军诱至山地，首先围歼其第1师、第6师、第8师。

10月25日上午，志愿军第40军120师和118师，在利洞、两水洞地区分别与向北推进的南朝鲜军第1师、第6师遭遇。上午8时30分左右，南朝鲜军第1师15团以坦克为先导，开始沿公路向北推进，当其进至云山城北玉女峰、朝阳洞一线时，已在这里占领阵地的

志愿军战士在龟头洞地区阻击敌人（馆藏照片）

志愿军第 40 军 120 师 360 团突然开火，一场激烈的遭遇战随即展开。

南朝鲜军第 1 师在密集炮火的支援下，向志愿军第 360 团阵地展开轮番攻击，企图占领间洞南山等有利地形。志愿军第 360 团官兵依托仓促构筑的野战工事，顽强抗击，坚守阵地两天三夜，未使南朝鲜军北进一步，有力地保障了志愿军主力在温井方向的作战。

当日，第 118 师也在温井以北两水洞地区，与沿公路向鸭绿江畔碧潼推进的南朝鲜军第 6 师进入交战。南朝鲜军第 6 师第 3 营尖刀兵于 10 时 20 分左右在两水洞附近与志愿军第 118 师侦察连接触，当其营主力全部进入志愿军第 118 师预设的伏击圈后，118 师主力立即采取拦头、截尾、斩腰的战法，对其发起进攻。该营遭受突然打击后，立即陷入混乱，志愿军第 353 团、354 团冲下公路，穿插分割，将敌人截成 3 段，予其围歼。经过 5 小时激战，志愿军第 118 师主力全歼南朝鲜军第 6 师 2 团 3 营另 1 个炮兵中队，取得了志愿军出国作战第一个歼灭战的胜利。

两水洞战斗结束后，南朝鲜军第 6 师调整部署，令第 2 团余部继续坚守温井，同时调师预备队第 19 团增援温井。15 时 50 分，第 40 军下达攻击温井之敌作战命令，从西北、正南向温井进攻，并阻击南逃北援之敌。24 时，志愿军第 118 师、第 120 师各两个团对温井之敌发起进攻，南朝鲜军队四处溃散，志愿军部队仅用两个多小时即攻占温井。至此，中国人民志愿军抗美援朝出国作战首战告捷，拉开了抗美援朝战争的序幕。

作者：关小宇，抗美援朝纪念馆研究一部副主任、副研究馆员；

姜晓杰，抗美援朝纪念馆研究四部副研究馆员

中国人民志愿军第38军抗美援朝征战纪实

我在38军工作过42年，从士兵到将军，那里几乎记录了我整个成长过程和人生经历，有着深厚的感情。而全程参加的抗美援朝战争，更让我亲身感受到血与火对这支英雄部队的洗礼。尽管时代已经久远，但只要回忆起这段不平凡的岁月，都会让我激动不已，特别是回想起一场场艰苦卓绝的战斗，想到一名名牺牲的战友，更加体会到和平来之不易，今天的幸福生活来之不易。从38军身上来看抗美援朝精神，最令人震撼的应该是那种攻无不克、战无不胜、拖不垮打不烂的战斗气概。这种气概可谓惊山河、泣鬼神，不仅战胜了"武装到牙齿"的美国军队，还使这支部队获得了"万岁军"的美誉。

在这里，我用自己的亲身经历，写下38军在抗美援朝战争中的几次著名战斗，展示"万岁军"的英雄风采。

五天五夜的飞虎山战斗

1950年10月25日，是个难忘的日子。这一天，我作为一名志愿军战士随所在的第38军跨过鸭绿江，参加举世闻名的抗美援朝战争。部队刚入朝，我们就立即急行军向指定地点进发，10月29日便开始向熙川之敌发起攻击。当时，我是团宣传队副分队长，宣传战斗精神和英雄人物，鼓舞士气，是宣传队的首要任务。飞虎山战斗则是我们军入朝以来，经历的第一场惨烈战斗，记忆深刻。

飞虎山位于军隅里和价川郡的北面，居高临下。军隅里和价川郡

志愿军第 38 军向熙川方向进发。（馆藏照片）

两地都是交通要道，军隅里又是敌人北进的补给总站。我部队在向熙川发动进攻时，敌因获知情况，逃之夭夭。我军立即开始追击，在向军隅里攻击途中，于 11 月 4 日从敌人手中夺下飞虎山。

就在我军攻下飞虎山后，志愿军司令部根据敌我双方态势，决定抓住敌人对我志愿军兵力估计不足的机会，主动示弱，放弃追击，主力部队北撤，诱敌深入给予狠狠打击，为即将开始的第二次战役做准备。

新的作战部署，使夺得飞虎山阵地的我军第 335 团的任务突然由进攻转为防御，奉命坚守阵地，牵制敌人。敌人为夺回制高点，继续北进，以南朝鲜军第 7 师和美军一部分于 11 月 4 日 15 时起向飞虎山疯狂反击，一场恶战随即展开。

第一天打得最激烈的是 5 连 3 排据守的前沿阵地。这是一个由一片小树林和枯草组成的小山包。天刚亮，十几架敌机便贴着树梢向阵地轰炸，接着是十几门大炮一起轰击，似乎要把山头削平，但是敌人步兵的几次攻击都失败了。接着，敌机和大炮又开始轮番轰击，阵地上的土翻过来又翻过去，工事全坍塌了，树木全被削成光杆。但是当敌人攻上来时，战士们又从弹坑中一跃而起，打退敌人一次又一次进攻。这一天，3 排打退了一个连的敌人 7 次进攻，仅 200 米长的阵地上就落下 2000 余发炮弹和炸弹，敌人不仅未攻下阵地，还留下几十具尸体。

第二天，飞虎山的战斗升级。敌人使用一个营的兵力，夹击 5 连阵地。5 连共打退敌人 7 次进攻。其中敌人在第 4 次进攻时，突破了 7 班阵地，在两个小时内，双方在一个阵地上反复争夺了 12 次，终于打退敌人，守住了阵地。这天，敌人同时向 3 营阵地发起猛攻。其中以一个营的兵力分两路向 1 排阵地进行全面进攻。在两个小时内，双方争夺了 16 次，到下午 3 点多钟，阵地上只剩下 4 个人，但他们仍然坚持战斗。弹药打光了，就赤手空拳同敌人搏斗，直到 2、3 排增援上来，又一起反击，杀伤敌人 200 多人。

战斗持续几天，我军阵地基本上已弹尽粮绝。为应对更多的敌人，守住阵地，战士们饿着肚子加固工事，在夜色的掩护下跳出工事，从敌人的死尸上搜集武器弹药，搬石块、磨刺刀。大家只有一个念头：誓与阵地共存亡。

11 月 8 日天刚亮，敌人便出动数百架次飞机、动用几百门大小炮，向飞虎山主阵地轰炸。炮弹、炸弹将飞虎山炸得枝叶腾飞，硝烟冲天。炮火一停，敌人便以两个营的兵力向 5 连阵地涌来。5 连三面受敌，形势严峻。就在敌人以为消除了危险，在炮火掩护下冲上来时，突然工事中飞出一排手榴弹，随后一群勇士从掩体里跃出。石块、枪托砸出了敌人的脑浆，刺刀在滴血……敌人也知道我军没有子弹了，败退下来后便伏在离我阵地不到100米的地方休息，过几分钟又冲上来，接着又是一场肉搏战。混战从日出开始，一直持续到日薄西山。这一天，究竟打退敌人多少次进攻，谁也说不清，只见山被烧焦了，树被削平了，阵地前躺着300多具敌人的死尸，全连打得只剩下20多人，但阵地还在，寸土未失。在弹尽粮绝的情况下，要做到这些需要多么顽强的战斗精神啊！

后来，在战斗总结宣传胜利时，听到他们讲述了肉搏战中的情景：一名叫李兴旺的战士在高地上头部负伤，就在自己包扎伤口时，3个美国兵冲到他跟前，一个猛扑过来，拦腰死死抱住他。李兴旺机智地抓起一把沙土猛地向后一扬，那个美国兵就"啊"的一声松开了手。后面的两个卧地要开枪，李兴旺猛地蹿上去抓住卡宾枪，飞起一脚把敌人踢下山崖，并用枪托打死了离他只有三四米的另一个美国兵，然后摘下敌人死尸上的手榴弹，一口气消灭了4个敌人。副班长赵才山打断了胳膊还向敌人冲去；青年团员张玉和双手被炮弹削落，还要求当通信员不下火线，往返于枪林弹雨中传递命令；3排长马增奎最后只带2个人还打退300多敌人的进攻……

在5昼夜极度激烈的飞虎山战斗中，我335团共击溃敌100余人以上的攻击57次，以伤亡765人的代价，毙伤俘敌1900余人，在敌军中引起巨大震动。祖国的音乐家将飞虎山激战的英雄事迹写成一部气势磅礴的《飞虎山大合唱》，军文工团演出后引起强烈反响。师团宣传队也学会了其中几段，到部队演唱，有力地鼓舞了官兵英勇杀敌、顽强作战、战胜敌人、夺取胜利的信心。全军上下掀起了创造英雄部队，争取新荣誉的热潮。

荣获"万岁军"美名

38军撤出飞虎山战斗后，转移到妙香山、武陵站一带集结，做好了出击准备。因第一次战役未能按时到达指定位置，致使敌人逃跑，受到彭老总批评，全军上下都憋着一股劲，决心在第二次战役中打出名堂，"非要打出 38 军的威风不可"，"坚决为祖国争光，向毛主席报捷!"我所在的 114 师同样斗志高昂，大家纷纷表决心，要在战场上见高低，并积极要求参加最艰巨的战斗任务。

举世闻名的第二次战役终于打响。按照毛主席先打南朝鲜军的作战思想，志愿军司令部将目标锁定在德川，准备先围歼集结在德川境内的南朝鲜军 7 师。德川背靠大同江，位于交通枢纽地带，攻下德川，既可使西线美军背后受制，又可切断东西线敌人之间的联系，便于我军各个歼灭，整个战役将从这里打开缺口。为确保把握，原准备由另一个军配合 38 军共同完成，但 38 军军长梁兴初说，不，德川我们包了，保证一天拿下。

按照军部部署，我们师承担了正面向德川之敌发起进攻的任务，我也随团指挥所一起行动。第二次战役最关键的一仗由此拉开序幕。

11 月 25 日晚 8 时，我师从马介洞向德川进发，从北面直逼南朝鲜军 7 师防地。我们团连夜向堂洞北山之敌猛攻，激战到次日 5 时，就占领了敌人阵地，接着又击溃了南朝鲜军第 2 师、第 3 师联队各一部，攻占铁马山、三峰地区。到上午 11 时，全师完成了将敌人压缩在德川的任务。此时，113 师从南、112 师从西也都切断了敌人的退路，南朝鲜军第 7 师全部人马成了瓮中之鳖。26 日下午，我军向德川之敌发起攻击，将 4000 余人包围。敌人在我猛烈攻势下溃不成军，曾多次突围，都被我炮火压制回去，战斗到晚 7 时，守敌除少数逃窜外，大部被歼灭，有 2000 多人在睡梦中当了俘虏，我军顺利完成了既定任务。

第二天下午，当我们正在打扫德川战场时，又接到了务必于当晚抢占德川西面嘎日岭的任务。原来，美军不甘失败，急调预备队土耳其旅向德川进军，妄图首先抢占嘎日岭，以阻止我主力向西。时间紧急，我师一路急行军 16 公里，于晚 9 时抵达距嘎日岭 2 公里处时，发现敌土耳其旅先头部队 1 个加强连已先占领了嘎日岭的垭口，正在公路边生火取暖。师领导决定趁敌人主力未到，采取偷袭办法，由 342 团 7 连和 8 连分别从正面和侧面夹击，夺下这道险要关口。战士们脱掉大头鞋，轻装上阵，悄悄接近敌人，摸到离敌人近 20 米时，才发起攻击，只见一串串手榴弹在火堆中爆炸，战士们怒吼着冲上垭口，打得敌人晕头转向，死的死，跑的跑，20 分钟便结束战斗，占领了垭口，粉碎了美军想重新占领德川的计划。

攻占嘎日岭后，我们继续沿公路攻击前进，准备与 112 师一起围歼军隅里、价川之敌。当行进到价川附近的阳站时，驻守的土耳其旅的一个营和工兵连，阻挡了我师前进之路。师指挥所决定由我们团配

志愿军第 38 军在军隅里战斗中冲向敌阵地。（馆藏照片）

合 342 团攻打阳站。土耳其旅在美、南朝鲜军中是一支比较顽强的部队，先进攻的连队遭遇抵抗，但我们采取了以战斗小组分散进攻的战术，连续夺取了 3 个山头，很快占领了敌人的炮兵阵地，解除了敌人炮火对我攻击部队的威胁。随后部队向阳站街里发起攻击，经过激烈的巷战，终于在第二天午后攻下阳站，歼灭敌人 700 余，突破了土耳其旅的防线，打开军主力向价川挺进之路。

此时，113 师正执行后来被称为奇迹的直插三所里任务。三所里位于大同江北岸，是平壤至价川公路上的一个小镇。如果在这里筑起一道闸门，就能堵住敌人南逃之路，为聚歼整个西线战场之敌创造条件。德川至三所里，即使抄近道走小路也有 145 华里。而他们自攻打德川以来，已有两昼夜没有睡觉，饭也没吃好，14 个小时要在有敌情的情况下，走这么远的山路，任务非常艰巨。但为了整个战役的胜利，他们借着夜色，空着肚子在山路上急行。途中多次打退小股拦截的敌人。在距三所里 30 多华里时，天已放亮，敌机不断在头顶盘旋，如果走走藏藏，在指定时间赶到绝无可能。考虑已深入敌后，敌机很难一下子分辨敌我，他们果断除去伪装，快速前进，终于在 28 日 7 时 50 分插到三所里，占领了三所里及以北高地，全歼驻守之敌，关住敌军南逃之门。

他们占领阵地刚刚 5 分钟，美骑兵第 5 团部分敌人就从价川方向涌来，前面几辆车刚刚到达，我军机枪、手榴弹便迎头打去，汽车立即起火，士兵纷纷下车逃跑，没几分钟，就被全歼。随后，大量的敌人和坦克又向三所里涌来，战士们英勇奋战，连续打退敌人 5 次进攻。这时，南边的公路上又开来几十辆满载敌人的汽车，我勇士就在敌汽车驶上大同江桥时，及时炸断大桥，猝不及防的敌人汽车接二连三掉进江中。三所里北侧的敌人这一天相继发起 10 次进攻，规模一次比一次大，但终以失败告终。

　　美军在我钢铁般的"闸门"面前碰得头破血流，停止了进攻。三所里战场渐渐平息下来。113 师领导分析由于大同江桥已被我炸断，敌人从这里撤退的可能性不大。而在三所里以西的龙源里有一条简易公路，也可以通往顺川和平壤，决不能让敌人从那条路跑掉。他们当机立断，立即派 337 团抢占龙源里。这时，部队已极度疲劳，许多战士边行军边睡觉，常常一头撞在前面战士的身上，有的一个跟头倒在地上就睡着了，负责收容的同志，就从路两边的水沟里将他们叫醒继续前进。而此时，不仅三所里的敌人转道龙源里，从清川江南撤的美军也向这里开进，准备南逃。

　　当 337 团前卫 3 连经过一夜急行军赶到龙源里时，一个由 15 辆车组成的美军先头部队已来到眼前。战士们立即出击，很快结束战斗，他们马上占据有利地形加紧构筑工事。工事刚刚修好，大批敌人便如潮水般涌来，一场激烈的战斗旋即展开。要阻止敌人逃跑，必须炸毁敌人的坦克。在我军没有任何打坦克的经验和武器时，战士们凭着勇敢和对祖国的一片忠诚，顶着雨点般的子弹爬上敌坦克，点燃手榴弹。一声巨响，敌人的坦克瘫痪着火，抢来的汽车油箱也中弹燃烧，公路被堵住了。

　　敌人开始集中炮火，在 24 架飞机的配合下，向我 3 连阵地发起疯狂进攻。炮弹、燃烧弹不断袭来，遍地是炸翻的树干和泥块，弹坑一个套一个，掩体工事大部分被毁。接着，一个营的敌人在炮火掩护下攻了上来。但战士们用聪明、智慧和勇敢顽强奋战，顶住敌人一次又一次进攻。此时，顺川的北援之敌 1 个营也向我 3 连阵地攻击。面对南北夹击，战士们奋力阻击，不断给予敌人惨重杀伤。敌人为了打通这条公路，最后竟动用了上百余架次飞机轰炸 3 连阵地，但战士们仍然顽强地屹立在阵地上。

　　在 337 团激战龙源里时，335 团扼守的松骨峰战斗也异常激烈。

志愿军第 38 军在龙源里勇猛追击美军。（馆藏照片）

松骨峰位于龙源里东北，是被我军围困之敌逃生的唯一希望。当完成诱敌深入的 335 团奉命赶来时，敌人已开始顺公路逃来，承担抢占公路旁高地的 3 连刚爬上光秃秃的山包，未及修筑工事，就看到一眼望不到头的敌人汽车、坦克和步兵蜂拥而至，战斗立即打响。敌人不惜一切代价，一个连接一个连地向我阵地猛扑，妄图拔掉这个钉子，夺路逃窜。飞机、坦克、大炮轮番狂轰滥炸，3 连阵地成了一片火海。最后敌人竟以上千人的步兵冲击。战士们一边扑打身上的火焰，一面利用炮弹坑作掩体，向冲上来的敌人投掷手榴弹。面对冲上来的敌人，他们临危不惧，跳出弹坑与敌人搏斗，有的在敌人围困中拉响手榴弹，与敌人同归于尽。最后，3 连只剩下 7 名同志，但阵地仍然还在。

战斗结束后，战士们到 3 连阵地收殓烈士遗体，看到烈士们的尸体保留着各种各样的姿态，有抱住敌人腰的，有掐着敌人脖子把敌人摁倒在地的，和敌人倒在一起、烧在一起的。有一个战士的嘴里还衔着敌人的半块耳朵，另一个战士把敌人抱得紧紧，分都分不开，以致把手指都折断了。后来，作家魏巍据此写下了《谁是最可爱的人》一文，从此，中国人民就以"最可爱的人"来称呼志愿军战士。

第二次战役历时 8 天，共歼敌 3.6 万余人，其中 38 军以伤亡 2279 人的代价，歼敌 11000 余人。鉴于 38 军在第二次战役中的重要作用和出色表现，彭德怀司令员在嘉奖令上，亲自写上了"中国人民志愿军万岁！三十八军万岁！"从此，38 军荣获了"万岁军"的美名。我作为这个军的一员，感到非常光荣和自豪。

艰苦卓绝的汉江守备战

第三次战役我军突破三八线，前进 200 余里后，来到汉江南岸。此时美军依靠其优越的运输条件，仅十几天便完成了 5 个军及全部航空兵、炮兵、坦克等部队的调整与后勤补给，企图趁我军疲劳、补给困难之际，分东西两面进攻，将我军压回三八线以北地区。38 军奉命于汉江南岸长约 30 公里的地段实施防御，第四次战役中长达 50 昼夜的汉江守备战开始。

敌人依仗武器装备优势，不断用坦克进行侦察和破坏我工事，用"火海战术"对我进行密集的高度的火力袭击，企图把我军消灭在每个山头上。我军各个阵地都在与敌人进行着实力悬殊的搏斗。336 团 5 连扼守的阵地接连打退敌人一个营和 12 辆坦克的进攻后，敌人便以 8 架飞机、30 多辆坦克、几十门大炮，集中火力摧毁了该连工事，然后组织大批兵力涌向阵地，战士们从弹坑中爬起，和敌人拼搏，连续战斗了三天，阵地上只剩下 10 多人，但他们靠"只剩一个人也要守住阵地"的坚强信念，顽强奋战，打垮了敌人 13 次进攻，500 多具美军的尸体躺在他们坚守的阵地前。

志愿军第 38 军向敌人发起冲击。（馆藏照片）

　　敌人虽以优势兵力、火力连续攻击十数日，但我英勇将士仍然顽强守卫在各主阵地。此时汉江正在解冻，为避免背水作战，我志愿军主力撤到汉江以北，38 军仍坚守汉江南阵地，保证主力部队顺利北撤。随后的战斗更加残酷，数倍于我的敌人不断攻击我阵地，因伤亡过大，339 团 5 连阵地一度失守，但他们把仅剩的 29 人组织起来，趁敌立足未稳，穿上美军服装摸上阵地，夺得敌人重机枪猛扫，仅十几分钟又夺回了阵地。7 连 4 班扼守的前沿阵地，在敌众我寡的情况下，战士们与敌人勇敢地冲杀在一起，全班人员全部牺牲，阵地失守。该连 3 排组织反击，与百余名敌人冲杀数次，终于夺回阵地。就这样，我军与敌人每天都要展开不下 10 次的争夺战。在这种极端困难的情况下，指战员们仍能沉着地守卫阵地，以顽强的斗志，积极的战斗行动，以一当百地完成战斗任务，体现了我军打不垮拖不烂的钢铁部队本色。

这期间，我们宣传队也投入了紧张的前送弹药和后送伤员任务，每天晚上冒着敌人的炮火封锁穿梭于阵地上，前线指战员顽强战斗的英雄事迹不断鼓舞着我。特别在我军坚守22昼夜转至汉江北后，我们团据守芙蓉山一带，与渡江美军激战。7连守卫的合甲山前沿阵地的5人战斗小组，以仅有的两三支枪和10余枚手榴弹，坚守阵地9个小时，打退敌人3次围攻，毙敌50余人。2营战斗一天后，仅剩两个班还能战斗，但仍凭敢打敢拼、坚忍不拔的革命精神，完成了任务。

从1月27日到3月16日，38军在极其不利的情况下，顽强守备汉江两岸，阻敌50天，有力配合了兄弟部队围歼敌人，掩护二线兵团集结，使中朝军队赢得时间，从被动中取得主动，并取得了毙伤敌人10747名，俘敌86名，缴获大批武器装备的战绩。战斗中，许多部队弹尽粮绝，以致与阵地共存亡，表现出了我军顽强意志和英雄气概。守住阵地，完成任务的信念，把我军将士紧紧团结为一个坚如磐石的整体。而这种攻无不克、战无不胜、拖不垮打不烂的战斗气概，不正是抗美援朝精神的集中体现吗？作为一支军队，无论在什么情况下，在什么年代里，都必须具备敢打必胜的信念和勇气，它是胜利的保障。

1992年，我作为前中国人民志愿军英模代表团成员，随团来到朝鲜参观访问。相隔半个世纪，再次踏上这块曾经战斗过的土地，心情万分激动。看着这里的山山水水，想起曾经发生的一切，更加怀念无数牺牲在这里的烈士们。为了世界和平，他们把自己永远留在了异国他乡。但精神永存，我们永远不会忘记他们为人类进步事业所作出的贡献。

作者：王福义，原第38军政治委员，原北京军区副政治委员，中将

中国人民志愿军第39军
抗美援朝征战纪实

抚今追昔，抗美援朝战争那段硝烟弥漫、战旗如画的光辉岁月，仍然是那样惊涛拍岸、壮怀激烈。睹物生情，志愿军先辈喋血他乡、牺牲奉献，所托起的艰辛与不凡，仍然是那般感天动地、刻骨铭心。

我工作所在的39军，是1950年中国人民志愿军最早入朝的4个军之一，出国作战1000天，将士热血写丰碑。

历史是一笔宝贵的财富，历史是不应该忘记的。

第39军第一批入朝，从鸭绿江边到三八线上，一往无前，彰显了祖国和人民利益高于一切，为了祖国和民族的尊严而奋不顾身的爱国主义精神

1950年6月，朝鲜战争爆发，美国随即派兵武装干涉，战火迅速烧到了鸭绿江边，新生的人民共和国面临严峻的危机和挑战。此时国内解放战争刚刚结束，我39军按照上级指示正在河南、广西地区执行治河、修路和剿匪任务。接到准备入朝参战的命令后，各级迅即收拢部队，移师东北，进行入朝前的战前整训。通过组织上课、听报告、文艺演出等各种形式的爱国主义、国际主义教育，使广大官兵深刻认识到唇亡齿寒、保家卫国的道理，许多官兵咬破手指写请战书，保持了高昂的政治热情和革命斗志。10月，中国人民志愿军第39军，作为首批入朝的四支主力部队之一，从安东（今丹东）和长甸河口跨

过鸭绿江，参加了伟大的抗美援朝战争。

从1950年10月19日踏上朝鲜国土，到1953年5月7日班师凯旋，39军在朝鲜历时两年零九个月，历经大小战斗千余次，纵横朝鲜疆域三千里，打出了国威军威，打出了不朽荣光。迄今特别让我们引以为豪的是，在一至三次战役的连续攻击中，39军始终是志愿军西线作战的"箭头"，冲在前、攻得深、战斗多，无往不胜。在抗美援朝战争全过程中，39军创造了"八个之最"的显赫战绩：最先与美军交锋；一个连最先歼灭美军一个连；最先击毁和缴获美军坦克、飞机；最先迫使美军成建制投降；最先解放平壤；最先攻入汉城（今首尔）；打到抗美援朝战场最南端水原市；一个师一次战斗俘敌最多。

回顾39军的发展历程，无论是土地革命战争时期孤军长征先期

志愿军第39军4连战士向敌阵地冲锋。（馆藏照片）

到达陕北，创建和巩固了西北革命根据地，为党中央和各路红军战略转移提供了落脚地；还是抗日战争时期执行党中央的决定，从华北转入苏北，支援新四军；以及解放战争时期从苏北挺进东北，成为向北发展的主力；再到抗美援朝战争，首批入朝参战把"抗美援朝、保家卫国"作为自己的神圣使命。从中可以看出，坚定的政治信念是我们这支部队的灵魂，无论何时、何地、何种情况，都始终以党的方向为方向，视人民的利益为最高准则，不计代价，不讲困难，忠诚于党，报效国家。

第 39 军首战云山，突破临津江，横城大捷，以"气"制"钢"，彰显了英勇顽强、舍生忘死的革命英雄主义精神

抗美援朝战争结束后，毛泽东主席在总结经验时说过：志愿军打败了美国佬，靠的是一股气。美军不行，钢多气少。这个"气"就是一支部队须臾不可缺少的战斗精神，是面对强敌，勇夺胜利、敢于亮剑的精神。

抗美援朝战争中，志愿军第 39 军打响了痛击美军的第一仗。这一仗，就是云山战斗，对手是号称王牌师的美军骑兵第 1 师。面对武装到牙齿的敌人，前辈们胆大包天、心细如发，发扬近战夜战的优势，以狭路相逢勇者胜的气概，赢得了云山战斗的重大胜利，歼敌 2046 人，其中毙俘美军 1840 人，缴获飞机 4 架、击落飞机 3 架、击毁与缴获坦克 28 辆、汽车 176 辆，彻底打破了美军不可战胜的神话。遭全歼的美骑兵第 1 师 8 团 3 营从此被撤销了番号。第一次战役的胜利迫使进犯到鸭绿江边的敌人退到了清川江以南。

美军王牌师被中国人民志愿军击败的消息震惊了世界，云山这座小城也成为美国人永远不会忘记的地方。西方军界引起哗然，时任美国陆军参谋长的乔·柯林斯将军在回忆录中写道："作为乔治·巴顿

志愿军第 39 军战士沿着云山街道追歼逃敌。（馆藏照片）

将军的部属，霍巴特·盖伊怀着沉痛的心情，咽下了一杯苦酒。"几十年后，一位参加过云山之战的美军军官在接受记者采访时，仍心有余悸："云山？我的上帝，那是一次中国式的葬礼！"日本陆上自卫队军官学校陆军中将梅泽治雄，将云山战斗作为重要的战例编入《作战理论入门》一书。

11 月 13 日，在战役总结会上，志愿军司令员彭德怀满怀欣喜称赞说："美国军队没有什么了不起，我们不只打了伪军，也打了美国王牌军，是华盛顿开国时组建的美国骑兵第一师嘛！这个美国有名、一直没有吃过败仗的军队，这回吃了败仗，败在我们 39 军的手下嘛！"

抗美援朝第三次战役的突破临津江战斗，凝结了 39 军指挥员高超的指挥艺术和过人的英雄胆略。116 师在突破口选定、兵力配置、炮兵阵地选择上一反兵家常规，大胆地把突破口选择在江道弯向敌方的地段；冒险地把 7500 多兵力提前一天隐蔽在正面宽 2.5 公里、总面积达 3.5 平方公里的进攻出发阵地上，而未被敌人发现；巧妙地把 50余门火炮设置在敌前沿 300 米处，最终战斗取得了出奇制胜的效果。南朝鲜《京乡日报》曾一再吹嘘临津江防线是"铜墙铁壁的临津江"，"联合国军"总司令麦克阿瑟眼中的"关系我们生命的重要防线"，在锐不可当的 116 师勇士面前灰飞烟灭、瞬间瓦解。战后，志愿军副司令员陈赓把这次战斗总结为"三险三奇"。1957 年，解放军军事学院战役系特选此战例进行教学研究，院长刘伯承元帅称赞 116 师突破临津江战斗的突破口选得好，"应该给 5 分"。

在第三次战役的釜谷里战斗中，还涌现出一位"一把军号退敌兵"而享誉全军的传奇式人物——志愿军二级战斗英雄郑起。1951 年 1

云山战斗中被志愿军第 39 军俘虏的美军官兵。（馆藏照片）

月 3 日，347 团 7 连的 2 个排在阻击阵地上抗击号称"绿老虎团"的英军第 29 旅皇家来复枪团一部，在干部全部伤亡、阵地只剩 7 个人的危急关头，连队司号员郑起主动代理指挥，鼓舞大家决不退缩、坚持战斗。当敌人再次发起冲击之时，他机智地吹响冲锋号，吓退了即将突破阵地的英军，最终完成了任务。战后，郑起被志愿军总部授予"二级英雄"称号，并多次受到毛泽东主席的亲切接见，郑起当年吹响的那把军号也被军事博物馆作为重要历史文物收藏和展览。

1951 年 2 月 11 日 17 时，志愿军发起横城反击作战。39 军 117 师配属 42 军负责向横城地区穿插迂回，断敌退路，并阻击横城之敌增援，配合正面反突击部队围歼敌军。117 师在师长张竭诚、政治委员李少元率领下，克服天气寒冷，地形生疏等各种困难，翻越一座海拔 700 多米的雪山，一夜前进 30 多公里，提前到达阻击地域，勇猛歼击突围逃敌和横城增援之敌。次日黄昏，向突围之敌发起总攻，俘敌 2500 余人，其中美军 800 余人，击毁和缴获敌汽车、坦克 200 余辆，各种火炮 100 余门。这次战斗创造了我志愿军师级单位一次战斗中俘敌最多的纪录，受到了中朝联司的通令嘉奖。

浴血奋战的将士们在战火硝烟中毫不畏惧、敢打硬拼、视死如归的英雄壮举，为 39 军的后人留下了可歌可泣的战斗范例和令人骄傲的历史记忆。

39 军入朝作战 1000 多天，有 7298 名烈士长眠异国他乡，10254 名官兵光荣负伤，19081 名同志荣立战功，战星璀璨，彰显了赴汤蹈火、义无反顾的革命忠诚精神。

39 军从首批入朝作战到归国凯旋，接连参加了一至五次战役全过程和 340 天阵地防御战及反登陆、反空降作战，歼敌 4.08 万余人，其中美军 2.8 万余人，毁伤敌坦克 220 余辆，飞机 280 余架。

战争必然与牺牲相伴，胜利更是将士用生命和鲜血铸成。在抗美援朝战争中，39 军有 1 万多名官兵光荣负伤，7000 多名同志英勇牺牲，仅团以上指挥员就有 16 人牺牲。军司令部参谋处长何凌登，入朝当天就倒在鸭绿江南岸，是资料记载的抗美援朝战争志愿军牺牲第一人；副军长吴国璋牺牲时年仅 32 岁，是抗美援朝战场上牺牲的最年轻的军职干部；军后勤部副政治委员邱世清、116 师参谋长薛剑强、117 师政治部主任吴书等师级指挥员都牺牲在战斗的岗位上；全军著名战斗英雄王凤江、曹根福等也都血洒异国他乡。在这 7000 多名烈士中，如今只有不足一半的人能够找到记载、留下名字，也仅有少数烈士的遗骸能够被运回祖国安葬，更多的烈士都长眠于异国他乡。

39 军部队一直都保持着这样的一个优良传统，将士战场点兵，主官冲杀在前。在抗美援朝战场更是如此。突破临津江战斗，为选好突破口，116 师师长汪洋亲自带团以上指挥员在最前沿反复勘察敌情、地形，最终确定了突破地段；釜谷里战斗中 116 师参谋长薛剑强亲临一线指挥战斗，在敌人咆哮的炮声和纷飞的弹雨中，用报话机向师长报告战况，随即又只身一人深入阵地前沿察看敌情，黄昏在组织部队出击时，被敌人的弹片击中头部，倒在了战场上；343 团团长耍清川、348 团团长高克等领导孤身涉险、深入敌后勘察敌情，为夺取战斗胜利，而将个人安危置之度外。

在众多英烈中，志愿军特等功臣、"一级英雄"倪祥明的故事更具代表性。1952 年 7 月，343 团 7 连在无名高地阻击战中，4 班班长倪祥明被 5 个美国兵团团围住，为坚守阵地，关键时刻，他毅然拉响手榴弹，与敌人同归于尽。1953 年 7 月 12 日《人民日报》上，发表了由当时战地记者所写的文章《英雄阵地和英雄班》，对战后情景有着这样的描写：

倪祥明和周元德的遗体和敌人的尸体躺在一起：倪祥明身下压

着一个鬼子，右胳膊还把一个鬼子的脖子紧紧地钳住，另一个鬼子死在他的背上……战友从倪祥明被炸断的手指头上，取下了他拉响的最后一颗手榴弹的铁环。"为战友复仇"的誓言，响彻了英雄的阵地。

倪祥明所镇守的高地，也因战斗惨烈而引起了美国第 8 集团军司令范佛里特的关注，当他乘坐飞机看到这个无名高地被炸得光秃秃的样子时，惊呼："这是什么无名高地，简直成了老秃山了。"

在祖国和人民的利益面前，39 军将士面对生与死、得与失，毅然决然地选择了后者，完美演绎了胸怀全局、甘于牺牲的奉献精神。

第 39 军面对世界头号军事强国，创造坑道工事范例，彰显了不畏艰难困苦、始终保持高昂士气的革命乐观主义精神

消灭敌人，保存自己是战场胜负的基本法则，39 军官兵运用坑道工事为朝鲜战场杀敌制胜创造了范例。

第五次战役后，战争进入相持阶段。为粉碎敌人"杀伤战""消耗战"的企图，1951 年 12 月 1 日，39 军接替 47 军的防务。为适应长期作战的需要，39 军决心"先稳下来，有了立足之地，然后再有计划打击敌人"。为实现党委意图，军长吴信泉亲自搜集资料，亲自绘制了甲、乙、丙 3 种工事草图，令 116 师汪洋师长率 348 团长高克，在原有一般野战工事基础上加以改造和创造，在 400 平方公里的防区内，构筑了以坑道为核心，以堑壕、交通沟、掩体相结合的完整防御体系，建成了"攻不破、打不烂"的地下长城。1952 年 5 月，志愿军司令部在 39 军召开了"阵地构筑和阵地管理"现场会。会上，陈赓、解方等首长给予了高度评价，并向志愿军全体部队进行推广。当美国新任总统艾森豪威尔到前线观察所，

通过望远镜观察和听取汇报后，感慨地说："看来他们已经找到了一个保护自己的万无一失的办法，任何正面攻击都将碰到巨大的困难。"

随即，39 军部队在"以阵地为家、加强阵地管理、搞好阵地建设"的号召下，自力更生，就地取材，在坑道里构设了休息室、浴室、理发室、蒸气灭虱室、烤衣室、厨房、厕所、病号室、贮存室等生活设施，有效改善了坑道里的生活条件。广大官兵亲切地给阵地起了各种名称，如"勇士洞""胜利街""英雄楼"等，极大地调动了战斗的积极性，增强了坚守阵地的信心。

情同手足的官兵友爱，密切和谐的内部关系，是我们夺取战斗胜利的可靠保证，也是 39 军一个非常鲜明的传统特征。在三次战役釜谷里战斗中，347 团参谋长王如庸亲自到"钢铁七连"的阵地上指挥作战。在一颗炮弹即将落下的危急关头，曾出席全国战斗英雄代表会议的"十大功臣"、副连长王凤江，奋不顾身扑到参谋长身上，不幸壮烈牺牲。四次战役砥平里战斗结束后，115 师部分伤员没来得及随部队撤出，副师长颜文斌得知后，不顾个人安危，亲自带领两个连组成担架队返回营救，救出了 100 多名伤员。在异国他乡的战场上，一个苹果大家让，一把炒面分着吃，一壶凉水传着喝，一床毛毯合着盖，那些战友情深的故事，至今还时时感动着我们。

39 军将士正是用鲜血、生命和忠诚铸成了"敢为人先、敢于担当、敢夺胜利"的光荣传统，打造了足以战胜任何困难和强敌的革命乐观主义精神。

39 军在 70 多年前那场旷世空前的抗美援朝战争的征战历程中，饱受血与火的洗礼、历经生与死的考验，凝结萃取的历史功勋，必将成为中国人民解放军战史中璀璨的一页。伟大的抗美援朝精神砥砺着我们这支"先锋部队"的思想，锤炼着我们这支英雄部队的意志，鼓舞着我们这支主力部队的斗志，凝聚着我们这支红军部队的魂魄，必将推动部队在新的历史征程上开拓进取，再续辉煌！

作者：王边疆，原第39集团军副政治委员、少将

中国人民志愿军第40军
抗美援朝征战纪实

第40军的前身是第四野战军第三纵队，曾在纵队司令员韩先楚指挥下，奇袭威远堡、活捉廖耀湘，部队行动迅猛，被敌惧称为"旋风部队"。解放战争，第40军从白山黑水打到天涯海角，立下赫赫战功，赢得"四野一只虎"的美誉，特别是辽沈战役中，首克义县，主攻锦州，会战辽西，连战连捷，为解放东北作出了重要贡献。

抗美援朝战争，第40军是志愿军最早入朝的4个野战军之一，是打胜志愿军出国第一仗的部队，是以军为单位成建制参加作战最多的部队，是唯一一支没有经过回国休整的部队。

首批入朝，首战告捷，揭开了抗美援朝战争的序幕

1950年6月，朝鲜战争爆发后，以美国为首的"联合国军"悍然出兵朝鲜。党中央、毛泽东主席决定以担负战略机动任务的13兵团所属38军、39军、40军和已在东北的42军，以及炮兵1师、2师、8师等部，组建东北边防军。当时，40军参加解放海南岛战役刚结束，正挥师北上，准备到洛阳和平整训，途经汉口时，接到改变任务的命令，将士们征尘未洗，便急赴安东（今丹东）。

10月19日，"联合国军"攻占平壤。当日，根据毛泽东主席命令，首批志愿军入朝。40军从安东方向过江后兵分两路，左路按照118师、军直属队、军指挥部的序列，向温井、熙川方向挺进，右路按照120师、119师的序列，向泰川、宁边方向急进。在部队途经鸭绿江大桥跨

越国门时，一辆苏式吉普车擦肩而过，车中坐着中国人民志愿军司令员兼政治委员——彭德怀，他先于部队出发，急赴朝鲜与金日成首相会面。

部队过江后昼伏夜出，经过连续 5 夜的急行军，10 月 24 日 118 师到达平安道西部的北镇附近。师长邓岳、政治委员张玉华位于部队先头，在大洞沟口遇见了出来了解情况的彭德怀司令员军事秘书杨凤安，杨凤安立即带他们到大洞见彭德怀司令员。彭德怀司令员在朝鲜见到第一支志愿军部队十分高兴，询问了有关情况，然后说："现在人民军正在向北撤退，敌人在跟踪追击，情况很危急。你师赶快到温井以北占领有利地形，布置一个口袋，埋伏起来，大胆把敌人放进来，狠狠地打。""你们 40 军是先头部队，要打头阵。出国第一仗一定要打得漂亮，打出威风、打开局面，打掉敌的疯狂气焰，掩护我军

志愿军第 40 军向敌人发起冲锋。（馆藏照片）

的集结和展开。"邓、张回答:"请彭老总放心,我们一定慎重初战,打好出国第一仗。"临别时,118 师还给彭老总留了 1 个连作警卫分队。

当天,军部路过大洞时,军长温玉成、政治部主任李伯秋也见了彭老总,通信连架通了军部直通总部的十多里专用电话线,使 40 军出国第一仗得以在彭老总的直接指挥下胜利进行。

10 月 25 日,在朝鲜战场西线的 40 军,与向北进犯的南朝鲜军遭遇,从而揭开了抗美援朝战争的序幕。25 日拂晓,南朝鲜军 1 师先头部队以坦克 14 辆为先导,后随摩托化步兵成一路纵队沿云山至温井公路北犯,遭我 120 师 360 团迎头痛击,官兵依托仓促构筑的野战工事,坚守阵地 3 天 2 夜,击伤击毁坦克 3 辆,歼敌 280 余人,迟滞了敌人北犯。在 360 团与敌打响的同时,25 日 10 时,南朝鲜军第 6 师 2 团 3 营加强 1 个炮兵中队,进至丰下洞至两水洞之间,118 师采取"拦头、截尾、斩腰"的战法,对敌发起突然猛烈攻击,经 5 小时激战,歼灭敌自誉为"精锐"的第 3 营和炮兵中队,毙伤俘敌 486 人,并生擒美军顾问赖勒斯,缴获火炮 12 门、汽车 38 辆、各种枪支 163 支。25 日晚,118 师和 120 师对温井之敌实施对进合击,一举攻占温井,切断了北犯楚山之敌退路。

40 军在云山、温井地区打胜的抗美援朝第一仗,不仅阻击消灭了敌人,掩护了志愿军战役展开,而且振奋了军威,增强了敢打必胜的信心,保卫了朝鲜人民军统帅部和彭老总的安全。

1951 年,党中央、毛泽东主席把 40 军打胜志愿军出国第一仗的时间——1950 年 10 月 25 日,定为中国人民志愿军抗美援朝纪念日。这是 40 军全体将士特殊的历史荣誉。

全程参战,鏖战千日,再现了"旋风部队"的战斗风范

第 40 军从 1950 年 10 月 19 日跨出国门,至 1953 年 7 月 28 日——

停战协定签字后的次日胜利回国，在朝作战 1000 余天，经历较大战斗 382 次，毙伤俘敌 43365 人（其中美军 25073 人），经历了战争全过程。

打胜志愿军出国作战第一仗后，118 师由温井回师楚山，冒雪翻越高达 2000 多米的北岭山，一夜行军 40 余公里，在龙谷洞附近歼灭"联合国军"进军鸭绿江的急先锋——南朝鲜军第 6 师 7 团。《韩国战史》记述了第 7 团的被歼过程，哀叹道："……悲痛哉！曾在鸭绿江畔洗刷刀枪的英勇将士，最终也未能从这狂风恶浪中冲出来……昨日善攻的精兵，今日却成了分散突围的决死之士，怎不怨老天爷无情！"在 118 师围歼南朝鲜军 7 团的同时，119 师、120 师在龟头洞、立石洞地区勇猛出击，歼灭南朝鲜军 6 师、8 师的 2 个营。10 月 30 日，志愿军总部颁布嘉奖令："我四十军不顾疲劳及敌机轰炸，勇敢作战，

在龙山洞战斗中缴获的满载物资的美军汽车。（馆藏照片）

已基本歼灭了伪六师及八师两个营，缴获颇多……值得表扬，特电嘉奖。"

第二次战役中，40 军 120 师由黄国忠副师长率 359 团，冲破美军 30 余辆坦克、1 个 105 榴炮营和 1 个步兵营的火力封锁，冒着零下 20 多度的严寒，破冰涉水，强渡 1 米多深、200 多米宽，被称为"麦克阿瑟防线"的清川江，攻占美 2 师炮兵阵地，夺占鱼龙浦，经两昼夜奋战，给美 2 师以歼灭性打击。359 团 1 营 2 连与强敌激战 12 个小时，2 个排全部壮烈牺牲，阵地仍屹然不动。志愿军首长联名通令全军："40 军 120 师 359 团在鱼龙浦战斗中，表现得无比的英勇顽强，表现了高度的忘我牺牲精神……此种英勇顽强的战斗作风，实堪嘉奖，特通令表彰！"新华社还广播了他们的事迹。

1950 年 12 月 31 日，志愿军发起第三次战役。40 军突破临津江，直插东豆川，于议政府水落山地区击溃美 24 师 17 团，120 师 360 团追敌越过三七线，逼近汉城。特别是 118 师，他们要突破的那段临津江不但没有完全封冻，江心波涛翻涌，急流滚滚，配属的炮兵 29 团途中遭遇到空袭，也只上来 1 个连，而且当面之敌为南 6 师主力，工事和火力都很强，118 师靠步兵用手中武器和炸药包、爆破筒，与敌逐山逐堡较量争夺一夜，一举突破了三八线敌阵地，打得美、南朝鲜联军望风而逃，惊魂丧胆。

1951 年 2 月 5 日至 6 日，40 军奉命参加第四次战役的横城反击战，担任正面主攻之一。右翼 120 师巧夺圣智峰和梨木亭，打掉敌屏障。左翼 118 师以 353 团、354 团掩护 352 团，以尖刀之势直插广田，一举打乱南朝鲜军 8 师的部署，切断敌军退路，为战役胜利起到了关键作用。之后，又奉命在洪川江和三八线附近组织了 42 天运动防御，在未及补充、供应困难的情况下，顶住美陆 1 师、骑 1 师、第 24 师、第 25 师、英第 27 旅、南 6 师的各路进攻，经 190 次大小战斗，歼敌

5000 余人，为第五次战役的发起创造了有利战机。

1951 年 4 月，彭德怀司令员紧急召见 40 军军长温玉成，说："本来你们 40 军已经打得很苦，应该到后面休整，现在为了战斗的胜利，我想留你们继续参加第五次战役，希望你们再坚持一段时间。"40 军发扬克服困难连续作战的精神，再次越过三八线，勇猛穿插百余里，一直插到加平川和北汉江，切断从春川至汉城的公路，从中间劈开了东西线的"联合国军"，志司表扬 40 军"打得好、插得快，圆满完成分割敌军的艰巨任务"。

一至五次战役结束后，1951 年 7 月，40 军转调西海岸，担负抗击美军登陆作战任务。1952 年春，40 军再返前线，守备开城以南、板门店以东的一线防御阵地。部队构筑坑道，加固地下长城，粉碎了敌人的多次进攻。同时，开展冷枪冷炮运动，"零敲牛皮糖"。站稳了脚跟之后，便连续发起了阵地反击战，歼敌有生力量，推动战线南移和兄弟部队以打促谈，直到迫使敌人签字停战。

40 军经历了抗美援朝战争的全过程，其间还参加了中朝联合游击支队。板门店谈判时，敌派兵骚扰我代表团驻地。当我们指出时，敌百般狡辩、抵赖。李克农副外长便派中朝联合游击支队支队长——120 师师长刘振华，带兵巧捉"活"证据，驳得敌人哑口无言，只得低头认罪！

血洒半岛，英勇无畏，谱写了可歌可泣的英雄诗篇

战争与牺牲相伴，胜利用生命铸成。在抗美援朝战争中，40 军有近 2 万将士血洒他乡、长眠异国，他们用年轻的生命，抛头颅、洒热血，赢得了抗美援朝战争的伟大胜利。

118 师 354 团 4 连 5 班班长王志，在军隅里追击战斗中，带领全班冒着 30 多架飞机和大炮的轰炸追歼敌人，在腹部受伤、肠子流出

体外的情况下，硬将肠子强塞进肚里，左手按住伤口，右手提着冲锋枪，仍指挥战斗，最后由于流血过多、身体不支，英勇牺牲。被授予二级战斗英雄称号。

119 师 355 团 8 连班长徐长富，二次战役中，一人打死 10 多个敌人；三次战役中，带领全班抓俘虏 18 个；四次战役中，掩护全班转移，只身吸引敌人火力，使连队顺利突围，然后连投两颗手榴弹突出重围。被授予一级战斗英雄称号，荣立特等功，并获朝鲜民主主义人民共和国三级国旗勋章。

119 师 356 团 1 连 7 班副班长曹庆功，在坚守万村洞东山 286 高地时，先后 3 次负伤，左臂被炸断，仍带领 3 个人的战斗小组，打退敌一个排的 3 次进攻，歼敌 40 余人，直到流尽最后一滴血，右手还套着 3 个手榴弹环，身前身后散落着几十根手榴弹拉火线。被授予一级战斗英雄称号，并荣记特等功。

120 师 358 团 1 营 3 连 3 班副班长王学凤，带领 1 个战斗小组守卫三八线上的华岳山一号阵地，击退敌 1 个连兵力的多次进攻，腮部被子弹贯穿仍咬牙战斗，两腿被机枪打断就坐着投弹、爬着战斗，被包围后，摔断步枪、滚下悬崖壮烈牺牲。被授予一级战斗英雄称号，并荣记特等功。

120 师 358 团 3 连副班长刘维汉，在四次战役中，连队在鹰峰山阻击敌人，他带领一个小组守卫前沿阵地，7 小时打退敌人 5 次冲击，毙敌 100 余人，战斗到只剩他一个人仍孤胆杀敌，最后拉响手榴弹与敌人同归于尽。被授予一级战斗英雄称号，并荣记一等功。

120 师 360 团 3 连 3 班班长石宝山，是志愿军出国作战第一位牺牲的"王成式"英雄。在云山阻击战中，他面对扑上阵地的敌人，毅然抱起两个爆破筒，拉下导火索，高喊"为了祖国守护阵地"口号，勇猛扑向敌群，与 20 多个敌人同归于尽。由于初入朝，档案尚未建立，石宝山未能获得英雄称号，非常遗憾！

1951年6月，温玉成军长随志愿军副司令员邓华回京，在中南海受到毛泽东主席接见。当温军长介绍曾南生、曹庆功、王学凤等人的英雄事迹时，毛主席听得十分入神，竟忘了吸烟，半闭的眼睛中闪烁着晶莹的光亮，那是为自己的战士而自豪的泪！

40军的战士英勇无畏、敢打敢拼，指挥员更是身先士卒、冲锋在前。在抗美援朝战争中，仅团以上指挥员就有8人牺牲。

118师师长罗春生，是40军在抗美援朝战场上牺牲职务最高的指挥员。他指挥部队打胜云山阻击战，偷袭美军炮兵连，强渡清川江，直插鱼龙浦，击溃美军1个炮兵团，在涟川前线新寺洞与192师交接防务时，突遭敌机空袭，他和陪同的师参谋长汤景仲，不幸光荣牺牲，献出了年仅36岁的宝贵生命。

118师354团参谋长刘玉珠，亲自带领1个营，冒着敌人的炮火和纷飞的弹雨，以每小时7.5公里的速度，深入敌纵深50公里，直插加平以北沐洞里，胜利完成战斗割裂任务。在与敌激战中，他将个人安危置之度外，与战士一道持枪猛打猛冲，不幸被子弹击中，壮烈牺牲，血洒异国他乡。

120师359团政治委员马顺天，带领部队向宁边以南追歼逃敌，徒步奔袭20多公里，冒严寒第一个涉水蹚过九龙江，全歼敌一个加强连，不幸在美军空袭时中弹身负重伤，因失血过多而光荣牺牲。他是40军入朝作战牺牲的第一位团级指挥员。

英才辈出，将星璀璨，培育了功勋卓著的军中栋梁

40军在抗美援朝战争的征战历程中，饱受血与火的洗礼，历经生与死的考验，建立了不可磨灭的历史功勋，也培育了一大批人民军队的优秀将领，引领和激励着后来人开拓进取、再续辉煌。据统计，

40 军走出的 200 多位将军中，有 90 位参加了抗美援朝战争，其中 3 位上将、17 位中将、70 位少将。特别是，当时的军师团主要指挥员，后来都成为高级将领。

40 军老军长韩先楚，指挥部队解放海南后，升任 13 兵团副司令员。抗美援朝战争中，先后任志愿军副司令员、19 兵团司令员。在彭老总领导下，他深入前线指挥作战，坐镇指挥温井之战、直插三所里、强渡临津江、突破三八线、占领汉城等重要战斗，其战绩被载入美国陆军史。后任中南军区参谋长、解放军副总参谋长、福州军区司令员、兰州军区司令员、全国人大常委会副委员长。1955 年被授予上将军衔。

志愿军参谋长解方，解放海南时任 40 军副军长。在抗美援朝战争中，他协助彭德不司令员指挥作战，多次参与重大战役指挥，被称为"诸葛亮"，还担任朝鲜停战谈判志愿军代表、朝中代表团代表。在谈判桌上，他发言反应迅速，应对鞭辟入里，与美方针锋相对、唇枪舌剑，迫使其放弃"海空优势补偿方案"。后任总参军训部副部长、军事学院副教育长、高等军事学院教育长和副院长。1955 年被授予少将军衔，位列开国少将之首。

40 军军长温玉成，出国前就任军长，后任军长兼政治委员。他率部入朝，并指挥打胜志愿军出国第一仗，带领部队全歼南 8 师、重创美 24 师和南 6 师、给美 2 师以歼灭性打击，直到把"联合国军"赶到三八线以南，被称为"全程参战的军长"，荣膺"志愿军十大虎将"。后任广州军区参谋长、广州军区副司令员兼参谋长、解放军副总参谋长兼北京卫戍区司令员、成都军区副司令员。1955 年被授予中将军衔。

40 军政治委员袁升平，善做思想政治工作，亲临一线鼓舞士气，和温玉成军长一道，率部打胜志愿军出国第一仗，参加一至五次战役。在朝鲜升任志愿军总部干部部副部长，后任华北军区政治部副主任、北京军区政治部主任、济南军区第二政治委员、军事科学院第二政治委员、北京军区政治委员。1955 年被授予中将军衔。

118 师师长邓岳，被毛泽东主席赞赏为"勇敢而明智的英雄"。第四次战役中的广田战役，他采取尖刀战术，以 1 个团插入敌纵深25 公里，用 2 个团并肩进攻，南北夹击歼灭南 8 师，受到志愿军司令部首长通报表扬。在朝鲜升任 40 军副军长兼参谋长，后任 40 军军长、38 军军长、旅大警备区司令员、沈阳军区副司令员、南京军区副司令员。1955 年被授予少将军衔。

118 师政治委员张玉华，具有丰富的政治工作经验、军政双全，与师长邓岳配合默契，率部首批过江、首见彭老总、首战温井，创造了一个又一个辉煌战绩。后任 40 军副军长、沈阳军区炮兵政治委员、武汉军区副政治委员、南京军区副政治委员。1964 年被授予少将军衔。

118 师政治部主任刘振华，3 次率部打过三八线，围歼南 8 师于横城，担任"中朝联军游击支队"队长时，率部肃清瓮津半岛全部匪患。在朝期间，先后担任 118 师政治部主任、118 师副师长、120 师师长、118 师师长。后任 40 军副军长、40 军政治委员、沈阳军区副政治委员兼旅大警备区政治委员、中国驻阿尔巴尼亚大使、外交部副部长、沈阳军区副政治委员、沈阳军区政治委员、北京军区政治委员。1964 年被授予少将军衔，1988 年被授予上将军衔。

119 师师长徐国夫，率部首战云山，强渡清川江，翻越妙香山，血战砥平里，共歼敌 13800 余人。后任 40 军副军长兼参谋长、沈阳军区装甲兵司令员、武汉军区副司令员。1955 年被授予少将军衔。

119 师政治委员刘光涛，后任 40 军政治部主任、40 军政治委员、沈阳军区副政治委员兼黑龙江省军区政治委员。1964 年被授予少将军衔。

120 师政治委员张海棠,后任辽宁省军区副司令员兼沈阳警备区司令员、辽宁省军区司令员、昆明军区副司令员。1955 年被授予少将军衔。

118 师 353 团参谋长邢维邦,入朝前患盲肠炎,手术伤口未愈合,坚持随部队出征。楚山奔袭时,山高坡陡不能骑马,他捂着刀口、咬紧牙关,硬是靠警卫员推着爬山,与部队一起一夜强行军 40 公里,出色完成战斗任务。后任 353 团团长、118 师副师长、120 师师长、40 军副军长、军长。

他们回国后,在不同岗位为人民军队的革命化、正规化、现代化建设作出了重要贡献,为 40 军的历史增添了新的光辉,他们将永载40 军的光荣史册。

时光荏苒,当年的 40 军已发展成为 40 集团军,正在按照党在新形势下的强军目标要求,扎实推进部队全面建设。作为工作在这支光荣部队的传人,回望这段荡气回肠、热血澎湃的峥嵘岁月,我们深受教诲和激励,深感荣幸和自豪,深知责任和使命。

伟大的抗美援朝精神永远激励着 40 集团军这支"旋风部队",继承和发扬"忠诚于党的政治本色,威震敌胆的旋风精神,敢作敢为的开创意识,朴实扎实的工作作风"的光荣传统,在新的历史时期创造新的更大的辉煌!

作者:毕毅,原第 40 集团军参谋长,
现任中国人民解放军信息支援部队司令员,中将

中国人民志愿军第 42 军抗美援朝征战纪实

1950 年 2 月，第 42 军完成了进军西南、西北剿匪任务后，奉调来到黑龙江北大荒执行生产任务。中央军委根据当时朝鲜战局形势，于 7 月 13 日作出《关于保卫东北边防的决定》，组建中国人民解放军东北边防军。7 月 25 日，第 42 军接到中央军委命令，务于 8 月 5 日前开赴鸭绿江边的通化集结。他们立即结束开发北大荒任务，于 8 月 1 日提前抵达通化待命。10 月 8 日，毛泽东主席发布命令："将东北边防军改为中国人民志愿军，迅即向朝鲜境内出动……"根据中央军委的战略部署，志愿军第 42 军于 10 月 19 日首批从辑安（今集安）跨过鸭绿江，入朝参加抗美援朝战争。

首战黄草岭　旗开得胜

第 42 军入朝后，发现敌人向北挺进速度很快。彭德怀司令员根据战场形势，采取"西攻东防"的作战计划。命令东线以第 42 军 124 师、126 师抢占黄草岭、赴战岭，阻止敌人向北推进。第 124 师于 10 月 25 日凌晨 2 时抵达黄草岭、赴战岭，各团、营在阵地上迅速展开。

黄草岭、赴战岭位于长津湖以南，为小长白山主峰。群山起伏连绵，丛林密布，地势险要。山南较陡，山北斜坡较大，易守难攻。黄草岭地区的 1115、烟台峰、松茸洞等高地，控制着咸兴经五老岭至泗水的铁路及咸兴至江罗的公路；赴战岭地区的白岩山、高大山等高地，控制着五老里至天丰铁路及五老岭至广大里公路，是朝鲜东部的交通要道。

志愿军第 42 军进入朝鲜战场后，迅速进至东线长津湖及其以南之德实里、旧津里线，担负阻击东线敌人进攻、保障西线主力作战的任务。此时在黄草岭以南的朝鲜人民军只有两个步兵连和少量坦克、炮兵分队，而南朝鲜第 1 军团已经逼近长津湖的门户黄草岭和赴战岭，东线形势十分危急。

10 月 25 日拂晓，第 42 军 124 师先头营第 370 团 2 营进至黄草岭，接替朝鲜人民军防御。此时，南朝鲜军第 3 师 26 团已占领黄草岭以南的上通里、下通里等地。第 42 军终于抢在敌军之前进入黄草岭阵地，占据了有利地形。

第 42 军 370 团 2 营刚刚占领阵地，南朝鲜军第 26 团就向黄草岭发动攻击。2 营及随后赶到的 370 团主力，将南朝鲜军的进攻击退。第 42 军为确保黄草岭阵地，根据地形和敌情，决定以第 124 师在黄草岭一线布防，阻击北进之敌，保证西线主力侧后安全。彭德怀指示："望构纵深工事，坚决防守，吸引敌人于阵地前沿给以杀伤，灵活反突击。"

10 月 27 日，第 42 军主力全部进至黄草岭、赴战岭地区，完成部队展开。第 124 师配属炮兵第 8 师 45 团及朝鲜人民军炮兵 1 个大队、坦克 1 个联队，部署于黄草岭以南的 1115 高地、草芳岭、796.5 高地一线，阻击南朝鲜军第 3 师；第 126 师 376 团配属炮兵第 8 师 1 个营，部署于赴战岭、高大山以北地区，阻击南朝鲜军首都师部队，师主力集结于革田里地区为军预备队。

南朝鲜军第 3 师发现志愿军部队后，出现慌乱，于 26 日停止较大规模进攻。但在调整部署后，于 10 月 27 日再次以黄草岭为主要攻击目标，发起持续进攻。志愿军第 124 师在朝鲜人民军的协同下，击退了南朝鲜军 10 余次进攻。南朝鲜军第 3 师占领草芳岭等地后，气焰嚣张，28 日至 29 日，在 20 余架飞机和大量炮兵的支援下，对志愿军阵地实施轮番进攻，赴战岭方向的南朝鲜军亦攻占赴战岭，企图向西迂回黄草岭。

为打击敌人气焰，改善防御态势，第 42 军军长吴瑞林决定，集中第 124 师主力于 29 日晚首先对草芳岭之敌进行反击，同时以第 126 师一部阻击赴战岭之敌。第 124 师 2 个团在 50 余门火炮的支援下，对草芳岭之敌实施反击。各部队勇猛出击，大胆穿插，至 30 日凌晨 3 时，击溃南朝鲜军第 3 师 26 团及 23 团一部，全面收复草芳岭一线阵地。

为配合黄草岭方向的作战，第 126 师 376 团向进占赴战岭的南朝鲜军首都师一部发起反击，并于 30 日占领赴战岭。11 月 1 日，美陆战第 1 师进至水洞，第 42 军英勇奋战，顽强阻击，顶住了南朝鲜军和美军的轮番进攻，守住了黄草岭阵地，有力地保障了西线主力的作战。至此，第 42 军东线阻击作战旗开得胜。

转移西线作战　一举拿下宁远

第 42 军胜利完成东线阻击任务后，彭德怀司令员根据战场形势，决定调 42 军到西线作战。11 月 13 日，第 42 军军长吴瑞林率领 124 师、126 师，从 16 日开始向西线转移，于 20 日抵达旧仓里地区集结待命。

21 日 20 时，吴瑞林军长收到彭德怀等志愿军首长的作战方案，命令第 42 军主力从大同江北岸向宁远、德川进攻。22 日 12 时，彭德怀命令第 42 军以 1 个师迅速攻歼孟山、北仓里之敌；另一个师则由大同江北岸向德川进攻。

23 日，韩先楚副司令员来到 42 军指挥所，向吴瑞林等 42 军首长介绍了西线和东线的战局形势后，对吴瑞林说："第 38 军已包下了德川，拿下宁远就看你们的了。彭总让我转告你们，要发扬东线的作战精神，打一个漂亮的歼灭战！"

吴瑞林军长深感此次战斗任务十分艰巨。他指着作战地图对军首长们说，南朝鲜 2 军团 8 师 10 联队指挥其 2 营位于宁远，对我侧翼造成一定威胁。他说，为贯彻彭总"运动歼敌"作战方针，我们对南朝鲜 8 师采取迂回、包围、分割、各个击破战术，以 125 师为正面攻击部队，由宁远北实施突破，消灭南朝鲜 10 联队 1、2 营；126 师由 367 团为 124 师开辟前进道路，切断宁远敌人退路，阻击孟山、北仓里、龙泉里可能北援之敌，并择机攻占孟山；124 师附 377 团，协同 125 师会歼南朝鲜 10 联队 2 营、11 联队 3 营。正面攻击发起时间为 25 日 23 时，侧翼迂回于 25 日黄昏开始。吴瑞林布置完战斗任务后，报告韩先楚："请彭总放心，我吴瑞林即使再瘸一条腿也要拿下宁远！"

此时，毛泽东主席致电彭德怀建议：第 42 军首先歼灭伪七、八两个师，并对下一步与美军作战造成战役迂回的有利条件……。吴瑞林军长得此消息，高兴地说："毛主席高瞻远瞩，运筹帷幄之中，决胜千里之外。"

根据毛泽东主席和彭总的战略部署，吴瑞林军长布置完作战任务后，各师、团分别行动。黄昏时分，125 师 374 团团长杨锋爬上山头，观察敌军阵地，他想找到敌军弱点打一仗。他找来 1 营营长李盛和，指着前方观音岭说，我想把它夺回来！李营长立即命令 2 连前去拿下。26 日 2 时，2 连沿公路向北挺进，拂晓前，快要接近前沿阵地时，被敌人发现，枪弹倾泻如雨，压得 2 连无法展开兵力。李营长立即指挥迫击炮、重机枪一齐开火，压住敌人的火力，掩护 2 连向山上猛攻；尖刀班乘火力间隙攻上山头，手榴弹纷纷投向敌阵，敌人一片慌乱，战至拂晓，2 连终于占领观音岭，毙敌 40 余人，俘敌 2 人，取得首战胜利。

集结在都平里的 125 师和炮兵 44 团，早已严阵以待，做好了反击准备。23 时，125 师在强有力的炮兵支援下，向敌展开全面攻击。357 团 2 营一路势如破竹，很快挺进大同江北岸，直接威胁宁远西侧之敌。373 团分成两路进攻，团长李林率 1、2 营经东南先后抢占麻潭里、直里；政治委员李文智率 3 营向南直扑马土里，保障了主攻宁远的 374 团的安全……

高地上敌人已有准备，顿时照明弹如同白昼，好几挺重机枪顺着山坡猛扫下来。冲在前面的 4 班，连续两次被压下来，在高地下面动弹不了。374 团 2 营副营长孙先山指挥 3 排从侧翼攻入敌阵，9 班战士迟春禄用炸药包炸毁了敌人的机枪工事，一阵手榴弹，打得高地硝烟弥漫，敌人发出一阵阵哭嚎声。3 连夺占 566.1 高地，即向敌人纵深插去。他们利用敌人接合部的空隙勇往直前，插入宁远，进至 500 米处，击退敌人一个连的阻击，跟踪进入宁远城内。此时，枪声大作，敌人指挥机关乱作一团。敌人失掉指挥机关，陷入一片混乱。李盛和营长命令部队抓住有利战机，与敌人展开巷战。宁远以北之敌大部被歼，战至拂晓，俘敌 10 联队副联队长以下 223 人，毙伤敌 10 联队后勤主任以下 194 人，缴获各种炮 15 门，轻重机枪、长短枪 160 余支，汽车 3 辆。一举拿下宁远，受到军部通令嘉奖。

攻下蛾洋岩　突破三八线

"联合国军"连遭志愿军两次战役的沉重打击，慌忙撤至三八线，妄图凭借天险及此前修筑的工事，并依靠精良的武器装备，阻止志愿军向南推进。

志愿军为粉碎敌人在三八线的防御阵地，以 5 个军的兵力向汉城方向实施突击。第 42 军奉命向济宁里、加平及春川方向突击。22 日，志愿军司令部下达作战命令，定于 31 日 18 时 30 分向敌人发起全线进攻。吴瑞林军长接到命令后,来到金化,与肖新槐、王紫峰等共商战事。吴瑞林说,126师、125师在战役发起的同一时间内,在炮兵44团的支援下,于蛾洋岩、道城岘分别实施突破。各师受领任务后,分别组织干部现场侦察,选定突破及进攻道路。

蛾洋岩海拔264米,山头不高,但在三八线周围的崇山峻岭中位置十分重要,它是通向平川的门户。因此,敌人在此构筑了弧形防御阵地。31日17时30分,第126师跋山涉水进入攻击位置,经20分钟炮火准备,376团团长张志超一马当先,率领部队直扑蛾洋岩。激烈的战斗打响了,蛾洋岩上枪炮声连成一片。被敌人吹嘘为"坚不可摧"的蛾洋岩,在376团2营的强攻下,被打开了缺口,1、3营随即投入战斗,敌人难以招架,只得弃阵溃逃,我军攻占了蛾洋岩。

横亘在第125师正面,被敌人视为"天险"并赖以固守的道城岘,是372团突破三八线必须攻取的重要之道。这里地形陡峭,断壁绝岩,道路崎岖,是易守难攻的天然防线。敌人在此设下层层防御工事,配以强大支援火力,自信万无一失。为迅速拔下这颗钉子,师长王道全命令373团1、2营实施突破,于24时向道城岘以西无名高地发起攻击。1连连长冯传祥走在全连的最前面,他抬头一望,白茫茫山顶的右边,有一条通往山顶的羊肠小道,便决定从敌人防守薄弱的右边陡壁向上攻击。而敌人炮火猛烈地封锁了前进道路,冯连长又命令1、2排分两路往上冲。在冲击路上,又出现一个地堡,战士伤亡严重……道城岘没有攻下来,吴瑞林心急如焚。他命令124师继续突破道城岘。

道城岘峡谷南北纵长约5公里,南面为陡峭的高山,山顶分水线即为三八线。东西两侧为两条山梁,石壁狼牙,无路可走,南面的山壁挡住了去路。373团2营进至南沟口,从高山和山梁的结合处登山。他们踏着没膝的积雪,攀登700米高、30至70度的陡坡。正当他们悄悄地爬上山时，炮群开始了炮火支援射击。凌晨 2 时，1 排接近前沿，3 排展开火力左侧钳制敌堡。敌人万万没想到"兵从天降"，一阵冲锋枪和手榴弹，把山垭口的敌人彻底打垮。373 团同时冲进道城岘山口。3 时 30 分，三八线的"天险"被 373 团彻底攻破，为保证 124 师主力部队越过三八线向敌后纵深穿插，继续向南推进，创造了有利进攻条件……

坚守防御战　卫戍西海岸

抗美援朝战争，经志愿军五次战役的沉重打击，"联合国军"从鸭绿江边被打回三八线。他们变攻为守，沿三八线附近构筑防线。我志愿军也由运动战转为积极防御作战。双方把战线稳定在三八线附近，形成长期对峙局面。

1952 年 3 月 14 日，第 42 军召开党委扩大会议，根据志愿军党委的指示，到阳德地区进行休整，补充兵员，调整各级领导人员。吴瑞林军长对这次师、团班子配备十分满意。5 月 30 日，志司命令第 42 军结束休整，要求务于 6 月 8 日进至铁原、平康、伊川间；以玉洞里为中心，沿平安川两岸，打击铁原、平康来犯之敌。吴瑞林军长按照志司命令，率 124、126 两个师和配属 4 个炮兵团、1 个坦克营进入平安川两岸展开，采取"零敲牛皮糖"战术，集中优势兵力，多打几个歼灭战。

吴瑞林军长制定了作战方案：由 378 团、372 团配属炮兵，坚决打击铁原北犯之敌，争取大量杀伤疲惫之敌，然后以军主力反击歼灭来犯之敌。布置完任务后，吴瑞林把 124 师师长苏克之、126 师副师长郭宝恒留下，对他俩说："敌人进展速度很快，彭德怀司令员命令我们必须将敌阻止在铁原以北。你们俩要立即行动，在梅溪、龙水洞、望月山、金宝里、谷林、野定洞一线占领阵地，不准敌人前进一步。"

铁原以北是龙江大川，这里山峦叠嶂，草深林密，最高峰是
780.4 米的高岩山。124、126 两个师按规定时间到达铁原以北展开防
御，形成一道严密的防线。吴瑞林捏准了敌人活动规律，集中 6 个炮
兵营、2 个炮兵连，准备向敌人突击，打它个措手不及。参加作战的
炮兵部队，在 126 师首长的统一指挥下，突然向敌炮兵群和前沿阵地
的 7 辆坦克开火，顿时敌炮兵群一片火海。敌 2 个炮群、7 辆坦克全
部被炸毁。

美军遭此打击后，立即派 10 多架飞机到第 42 军阵地上空侦察，
企图报复。发现我炮兵阵地后，便开始狂轰滥炸，连续轰炸 5 个多小
时，以为将我炮兵阵地全部摧毁。其实，他们轰炸的全是伪装的假炮
兵阵地，我炮兵阵地依然完好无损。

此后，第 42 军 124、126 两个师，以营、连为单位的小股部队，
在炮火的支援下，攻占了晓星山以南的马中山、阿谷里、牛尾洞等高
地，使阵地再向前推进一步，完全控制了铁原以北的龙山大川和铁原
以西的伊山公路，保证了我前沿防御阵地坚不可摧。

1952 年 5 月，志司命令紧急调第 42 军至西海岸进行布防。6 月
5 日，第 42 军部队陆续进到平壤至安州一带，执行海防、战勤、整
训任务，配合友军确保朝鲜首都平壤及此地区铁路、公路安全。同
时，随时准备机动作战。

第 42 军的防区为平壤以西、大同江以南的海岸地区，紧靠首都，
是朝鲜的军事、政治、文化中心，又是物资供应的运输线。此地陆地
上的敌人早被驱散，但海上各岛屿仍有南朝鲜军 8000 余人，盘踞在
大同江口附近各岛，进行登陆作战准备。美第八集团军司令范佛里特
视察了西线汶山地区美陆战一师防务，目的在于夺取靠近西海岸的丰
都和延白郡。

根据上述情况，志司首长判断：美军为配合停战谈判，有"再发动秋季重点攻势的可能"，集中两个师兵力，在海、空军配合下，于延安半岛实施登陆作战。根据上述判断，志司下令调整部署，准备坚决抵抗美军登陆和保卫开城。为此，命令第42军在西海岸地区严密布防，组织几道防线，构筑坚固工事，准备抗击敌人大规模的海上登陆作战。

根据志司作战部署，第42军以3个营执行战勤任务；以4个连担任海岸警戒任务；主力部队在星台山、马耳山、青山峰、汰香山、紫华山、金刚山一带高地构筑坑道及钢筋混凝土海防工事。

构筑海防工事，建立海岸长城，工程庞大复杂，而且器材不足，技术条件差，坑道石质坚硬，挖进速度缓慢。但指战员以高昂斗志，克服难以想象的各种困难，终于在3个月内完成坑道工事140余条，总长1.2万米，钢筋混凝土工事80个，野战工事3100多个，交通壕414万米，使海防阵地完善巩固。同时，在5个多月的防御作战中，第42军对空作战23次，击落敌机8架，击伤16架。美机一次次被击伤、击落，再也不敢在大同江上空嚣张了。

1952年10月30日，第42军奉命将西海岸防务移交给第46军，于11月4日自朝鲜平壤返回祖国。在历时2年9个月的抗美援朝战争中，第42军度过了条件最艰苦、战斗最残酷的2年1个月，为抗美援朝战争胜利作出了重大贡献，完成了祖国和人民赋予的光荣而艰巨的历史使命。

作者：张校瑛，抗美援朝纪念馆副馆长、研究馆员

中国人民志愿军第50军
抗美援朝征战纪实

我作为志愿军第50军的一名老战士，每每回忆起50军在朝鲜战场的征战历史就激动不已，而且有着一种特殊的光荣感和自豪感。

第50军的来历

中国人民解放军陆军第50军是国民党60军长春起义改编的部队。1948年10月17日，国民党60军在长春起义后，中央军委根据党的政策，1949年1月2日，正式授予这支部队为中国人民解放军第50军番号。随后从各部队、院校调入1500名骨干，按照建军原则建立了各种制度，特别是政治委员和政工制度。对部队进行了组织上、思想上、作风上"脱胎换骨"的改造，从而使这支部队成了一支新型人民军队。

1949年10月，第50军奉命参加鄂西战役。全军指战员在全国大好形势鼓舞下，斗志昂扬，不怕吃苦，不怕牺牲，英勇作战，圆满完成了上级交给的战斗任务。第四野战军首长两次通令表扬："五十军此次参加鄂西战役，坚决执行命令，不怕疲劳，作战勇敢，俘敌7000余人，与友军团结友爱，特别执行三大纪律八项注意，首战立功，殊堪嘉慰，特通报表扬。"给予全军很大鼓舞与鞭策。

1949年11月，根据四野首长提议，经毛泽东主席批准："同意五十军入川作战。"主要是配合第一、二野战军作战，参加围歼成都战役，消灭胡宗南集团。入川作战一个月解放了5座县城，毙敌380

人，俘敌 8165 人，迫降敌 17700 人，缴获大量武器、弹药，受到上级多次表扬。实战证明，这支起义部队，经过彻底改造和战斗锻炼，已经成为一支人民军队，在解放全中国战斗中功不可没。

奉命入朝参战

1950 年 6 月 25 日，朝鲜战争爆发，美国公开武装入侵朝鲜。美军不顾我国严正警告，9 月 15 日在朝鲜西海岸仁川登陆后，悍然越过三八线，疯狂向中朝边境进犯，并频繁轰炸扫射我国边境城乡，将战火烧到鸭绿江边。为了保卫我国安全，支援朝鲜人民，党中央、毛泽东主席作出组成中国人民志愿军赴朝参战的伟大战略决策。第 50 军奉命从湖北移师北上，于 1950 年 10 月 25 日，奉中央军委和志愿军首长紧急电令入朝参战。各师分别从辑安（今集安）、安东（今丹东）开赴朝鲜战场。第 50 军在第一次战役中奉命截击向楚山及新义州方向进犯之敌，并在安东及新义州设防，以保证志愿军后方安全。在第一、二次战役中虽没有参加较大战斗，但全军斗志昂扬，以饱满战斗热情起到钳制敌人、配合友军作战任务。第二次战役后，志愿军首长调第 40 军副军长蔡正国任第 50 军副军长，协助曾泽生军长指挥作战，使第 50 军的领导力量更加坚强。

"联合国军"遭我志愿军第一、二次战役沉重打击，被迫退至三八线以南地区，构筑工事，妄图卷土重来，继续北犯。为了大量歼灭敌人，扩大胜利，争取主动，志愿军首长决定，集中主力，突破三八线。1950 年 12 月 15 日，第 50 军奉命参加第三次战役。12 月 30 日战役开始，我军全线开始进攻，志愿军以排山倒海之势，一举突破了麦克阿瑟固守的三八线，守敌如同惊弓之鸟，仓皇南逃，溃不成军。此时，第 50 军各师分路追击南逃之敌。

第 149 师沿高阳至汉城追击敌人。在议政府与美国 25 师一个营

被志愿军第 50 军俘虏的英国第 29 旅皇家重坦克营的官兵之一部。(馆藏照片)

激战 3 小时,切断了一个英军负责掩护撤退的坦克营。1951 年 1 月 3 日,当夜第 445 团与 446 团各一个营在汉城北有个叫佛弥地的地方分路展开,将敌坦克行军纵队切成几段,实行前堵后截,拦腰攻击。敌先头坦克被打坏,堵住了坦克前进道路,乱成一团。此时,我军各连队组织反坦克小组,采取多路出击,以集束手榴弹、炸药包、爆破筒,展开了群众性爆破坦克战斗。同时,师指挥员提出"炸毁一辆坦克立一大功"号召。战士们斗志昂扬,奋勇争先,不顾个人安危,使战场一度白热化,敌人有的举手投降,顽抗者当即毙命。经过 3 小时激战,全歼英国第 29 旅皇家重坦克营。炸毁坦克 27 辆、汽车 3 辆、缴获坦克 4 辆、装甲车 3 辆、汽车 18 辆、榴弹炮 2 门,毙敌 200 余人,生俘敌英军少校营长以下 227 人。

第 148 师、150 师渡过临津江后,追击南逃之敌,与第 39 军同时进占汉城,震惊了世界,鼓舞了全世界爱好和平的人民,北京天安门广场举行群众集会,庆祝胜利。

1951 年 1 月 11 日，志愿军首长彭德怀、邓华、洪学智、韩先楚联名致电各军并上报军委，表扬第 149 师 446 团在新年攻势中取得的佳绩。电报说："此种积极勇猛的战斗行动，值得全军学习，特此通令表扬。"经过第三次战役，第 50 军士气更加高涨，全军上下进一步树立了敢打必胜的信心。

激战汉江两岸

在志愿军三次战役打击下，突破"联合国军"三八线的防御，占领了汉城，将战线推进到三八线附近。但美国政府并不甘心失败，为挽回败局，夺回汉城，将我军压回三八线以北地区。美军破坏我军补充修整，以阻止我军后续兵团开赴朝鲜战场，并调整部署，准备卷土重来。志愿军首长根据中央军委战略意图决定，由第 50 军和第 38 军 112 师及人民军一军团组织防御。当时第 50 军经过连续一、二、三次战役，极度疲劳，加之粮弹供应不上，急需休整。但接受任务后，全军立即构筑工事，准备坚决打击反扑北进之敌。当时，敌军调集"联合国军"三分之二约 23 万兵力，准备大举北进，以挽回败局。

第 50 军受命后，在汉江南岸加紧构筑野战工事。大战之前为察明敌情，1951 年 1 月 15 日，第 149 师 447 团派出 3 营副营长戴汝吉率领的 200 人侦察小分队，潜伏到美军占领的水原古城进行侦察。他利用夜幕掩护，率 18 勇士冲入城内，消灭美军一个宪兵排，生俘敌 22 名，毙伤 60 余名，烧毁汽车 10 辆，并查清了敌情，打乱了敌人进攻部署。

第 50 军担负着汉城以南 40 公里正面防御任务，北面就是汉江，防御纵深只有 30 公里，可谓背水作战。第 148 师、149 师分别据守由釜山、大邱至汉城铁路、公路两侧各高地。敌欲取汉城北进必争兄弟山、帽落山、白云山、文衡山诸高地。

1951年1月25日，敌军全面发起进攻。动用飞机200余架，坦克80辆，各种火炮300余门，掩护美3师、24师、25师及南朝鲜军一部近6万人，全线发起大规模进攻。主要进攻方向是第50军正面。当时我军在天寒地冻、弹药不足、工程器材缺乏，敌我兵器、装备相差极为悬殊情况下，依托一般野战工事，英勇顽强地进行坚守防御，狠狠地打击了敌人。

1月27日开始，敌人用十倍于我的兵力，向据守白云山前兄弟峰、东远里的447团2营阵地，终日以数十架飞机、大炮、坦克疯狂轰炸，掩护其步兵轮番进攻。我军将士浴血奋战，每天打退敌十几次进攻，在阵地前反复争夺。坚守11个昼夜，毙伤敌1400余人，守住了白云山主峰，胜利完成了任务，该营上阵地有880人，下阵地只有80人，其中还有18名伤员。

与此同时，敌人也向帽落山发起疯狂进攻。443团部队进行了顽强的阻击，在236.5高地，9连打退敌6次进攻，直至全连弹尽粮绝，人员大部伤亡。7连在123.9高地机枪手田文富以灵活动作打退敌人多次进攻，杀伤敌50余名。他被炮弹炸起的泥土埋上，仍挣扎站起来，用机枪继续打击敌人。为了欺骗敌人，他把大衣、军帽放在一旁，引诱敌人火力，保存自己，消耗敌人弹药，最后壮烈牺牲。打扫战场时发现大衣、军帽共有53处枪眼，此遗物现保存在北京中国人民革命军事博物馆，他被授予英雄机枪射手称号，立大功一次。该团2连抗击敌人一个营的进攻，打退敌人多次冲锋，全连同志大部分伤亡，当300多敌人蜂拥而上时，机枪手王英同志子弹打光，就抱起炸药包，拉开信管冲向敌群，与来犯之敌同归于尽，壮烈牺牲，保住了阵地，是真正"王成式"的英雄。

此间，150师540团7连也在杨智里顽强地抗击敌人进攻。在10余天的战斗中，打退敌人十几次进攻，光连级干部就伤亡7人，最后由炊事班副班长孟宪才担任连长指挥战斗，保住了阵地。此时，第50军各师团与敌军全面接触，各阵地终日炮火连天，飞机到处投弹扫射，各山头硝烟弥漫，枪声不绝于耳，战斗十分惨烈，但各主要阵地仍然在我军手中。经过近月余争夺，敌我双方都付出了沉重的代价。在此次防御战中，各级指挥员均靠前指挥，带领部队在第一线打击敌人。446团2营指导员林加宝，全身八处受伤，肠子被打穿，仍不肯下火线，直到被抬下阵地。450团参谋长刘凤卓，亲临该团7连，被炮弹炸伤，耳朵被震聋仍不下火线。

1月31日，志愿军首长发通令表彰第50军全体指战员。特别表扬443、444、447团，英勇抗敌，坚守阵地，勇敢战斗作风，对全军鼓舞很大，士气更加高涨。

汉江阻击战是以空间换时间，阻击到1951年2月17日，全部撤至汉江北岸。在汉江北岸第50军继续顽强阻击敌人，3月中旬，第50军奉命回国休整补充。当部队要到新义州80公里准备入境时困难来了。当时，指导员由于长时间爬山穿密林，行走在灌木丛中，棉衣棉裤全部"开花"了。战士们风趣地说，我们都成了"济公活佛"了。每个战士都是两眼布满血丝，嘴唇白裂，脸色枯黄，出国时那种雄赳赳的样子不见了。国内刚要发服装。据说，是周恩来总理知道了，不让换装。周总理说："我们的战士是穿着那样的征衣战袍战胜敌人的，让祖国人民看一看，更有意义。"后来大家听说了此事，对周总理更加崇敬。回国后补充兵员装备，召开追悼大会和庆功会，总结作战经验。

攻占大小和岛

1951年7月，第50军第二次入朝作战，驻守西海岸防止敌人从侧后登陆，保证全军正面部队的安全。当时，盘踞在朝鲜西海岸一带大、小和岛、艾岛、椴岛的敌人有白马大队，纠集匪特千余人，沿海居民常遭其抢劫，这些匪特不断刺探我军情报，威胁我军后方安全。志愿军总部为了配合我谈判小组，尽快达成协议，决定由第50军组织空、炮兵协同作战，消灭该股敌人。军长曾泽生、政治委员徐文烈、副军长蔡正国主持作战会议，参战的148师、150师各部队精心组织，周密安排，从1951年10月30日起，在我空军和地面炮兵的有力配合下，先后攻克大、小和岛和艾岛，歼敌400余人，拔掉插在我军后方这颗"钉子"，首创我军陆空配合作战先例。

领导盛赞五十军

第50军在朝鲜战场取得骄人战绩，主要是与曾泽生军长、徐文烈政治委员、蔡正国副军长（在朝鲜战场牺牲）坚决执行上级命令、正确指挥分不开的，他们亲临第一线指挥战斗，鼓舞基层指战员英勇杀敌。

一天，曾泽生军长在志愿军总部见到彭德怀司令员时，彭德怀司令员紧紧握着他的手笑着说："五十军在汉江两岸作战打得好啊，我要给你们补兵，优先给你们换装。"曾泽生动情地对彭德怀司令员说："我们尽力了，我们能在兄弟部队面前抬起头来了。"彭德怀司令员一听"抬头"两字，风趣地说："这是哪里话，你们不就是起义改编的部队吗？我彭德怀不是和你们一样出身旧军队湘军，我从来没有把你们看成后娘养的。"曾泽生深感彭老总的真诚和信任及对全军的鼓舞。

洪学智副司令在回忆录中对第50军也有很高的评价："50军和38军112师都打得很顽强，50军是长春起义的国民党60军改编的，这次和38军主力部队在一起，不甘示弱，打得英勇顽强。军长曾泽生一直跟着部队在前线指挥，每一点都要同敌人反复争夺，使敌人付出了沉重代价。"

1955 年部队回国，曾泽生两次在北京见到毛泽东主席。毛泽东主席与他谈到汉江作战时说："你 50 军打得蛮漂亮嘛！"主席当时对每个部队的位置、作战情况都十分熟悉。当曾泽生提出要入党时，毛泽东主席说："你这些年进步很快，觉悟不低，其实你不需我批准，就可以加入共产党了。"主席话锋一转，"但你现在还不能入党，现在敌人拼命攻击我们，如果你以党外人士身份，向台湾、向全世界宣传我国新的成就，人家就能相信，促使他们更好地站到祖国这一面来。"主席一席话使他豁然开朗，更加热爱党热爱祖国。1964 年全军大比武，叶剑英元帅要去 50 军看比武，临行前朱德说，那是一支从敌营来的新部队，是起义部队一面旗帜，一定要把这支部队建设好。

第 50 军这支部队是入朝参战 27 个军里唯一的国民党起义经过我党"脱胎换骨"改造的部队，是唯一两次入朝参战部队，也是唯一在空军配合下取得夺岛胜利的部队，尤其是在没有坑道和坚固野战工事作依托，坚守 50 个昼夜完成防御任务的部队。这支部队之所以成长进步很快，在朝鲜战场取得骄人战绩，主要是靠我们党的坚强领导，广大指战员的高度政治觉悟和爱国主义精神。当今天我们回忆这段历史时，许多当年的战友已经离开人世，但他们功绩永存，精神永在，名垂千古。现在仍然健在的同志都已经是年逾古稀，我们希望中国人民志愿军这种爱国主义精神世代相传，激励人们以饱满的热情投入到伟大祖国的社会主义现代化建设上来，坚决实现中华民族伟大复兴的中国梦，让我们祖国更加强大。相信中国梦的实现指日可待！

作者：梁瑞林，96 岁，原志愿军第 50 军 150 师 450 团参谋

第47军用劣势装备打垮了
美国"王牌军"

毛泽东主席说：美国兵怕死，不能打仗。我们在朝鲜打了33个月，把它的底摸熟了，并不可怕。第47军在抗美援朝战争中，用劣势装备打垮了美国著名的"王牌军"——骑兵第1师，用事实证明了这一结论的正确性。

扬长避短，以政治优势弥补装备劣势

1951年4月下旬，志愿军发动了第五次战役。入朝不久的第47军作为战略预备队，部署在平壤附近地区待命，并担负抢建军用机场的紧急任务。5月30日，第47军奉命由军部先率两个师南下，于6月19日接替了第65军位于三八线上铁原以西至临津江东岸一线的作战任务。此战区是整个战线的主要防御方向，多为小丘陵地，地形开阔，易攻难守，任务十分艰巨。但第47军接防不久，因第139师调赴开城担负停战谈判的警卫任务，而第141师因修机场任务拖延尚未归建。这样，友军一个军的防御作战任务，只好由第140师一个师全部接替。该师以配属之军侦察营、第419团、第420团为第一梯队，由东向西在高作里至小峙目一线约40公里正面上占领阵地；以第418团为第二梯队。面对着美军王牌部队——骑兵第1师，实行宽正面、大纵深的机动防御。

美骑兵第1师，是华盛顿开国时组建的部队，在战争史上被称为百炼成钢的"王牌之师"。其装备高度现代化，全师有大小火炮898门，其中 155 和 105 榴弹炮就有 200 门，作战时还可再得到集团军 240 榴弹炮的加强。师属坦克有 280 辆。部队武器全是自动化，行动摩托化。通信手段先进，步兵排都有无线和有线电话，真是武装到了"牙齿"。相比之下，我军装备则完全处在劣势。不但天上没有飞机和制空权，地面作战装备差距亦相当悬殊。部队使用的全是国内战争中缴获的杂牌武器。就炮兵来说，除师属有个山炮营，团属一个 92 步炮连外，就是步兵营及连属的 82 迫击炮和 60 炮，加在一起全师也超不过 140 门，和敌人的 898 门先进火炮相比，敌超过我们 6 倍。说到运输能力，我一个师仅师后勤有个 12 台卡车的运输连外，再也没有汽车。通信方面，营以下没有一部无线电机。不过我军在政治上却占有绝对优势：战争是正义的，干部战士政治觉悟高，绝大部分都经过国内革命战争和湘西剿匪的锻炼，有着丰富的实战经验和一不怕苦、二

突击队的战士们越过山岗，涉过河流，冲向阵地。（馆藏照片）

不怕死的优良传统和作风。用我之政治优势可以弥补装备上的劣势。

6 月 22 日，敌美骑 1 师以一个加强步兵连，在大量坦克、炮兵和航空兵的支援下，向第 420 团 8 连防守的 230.4 高地试探性进攻。这是部队入朝以来的第一仗，师长黎原立即赶到该团 3 营指挥所，亲自指挥战斗。连续两天先后将敌两个营的进攻打退，共歼敌 170 余人，守住了阵地。6 月 24 日，敌又出动两个营兵力，在 37 辆坦克和空、炮火力支援下，向 419 团内外石桥 1 营 3 连阵地实施轮番进攻。遭我以近战和适时反冲锋将其击退，并击毁坦克 3 辆，敌伤亡 80 余人。7 月 8 日和 10 日，敌先后以 1 个营的兵力，分别向军侦察营 1 连和 419 团 2 连阵地进行强攻，均被我英勇打退，共歼敌 140 余人。20 天内 5 战 5 胜，实践证明以我军的政治优势完全可以打败敌人。

在战争实践中，摸到了与美军作战的"底"

此时，朝鲜停战谈判开始。敌为获得喘息之机，频繁组织部队换防。或因其交接防时疏漏失误，在敌我阵地之间造成了一个正面宽约 30 公里，纵深大约 10 至 20 公里的缓冲地带。师长黎原发现后，经及时报师党委研究决定，抓紧战机，全师于 8 月 3 日将整个防线前推至大马里、夜月山、天德山等要点及其以西一线。未耗一枪一弹，未损一兵一卒，便抢占了这块面积约 400 平方公里的缓冲区，改变了背靠临津江作战的被动局面，增强了西线防御的稳定性，因而获得了彭德怀司令员的表扬。

敌见我攻占了夜月山、天德山等要点，自感所受威胁太大，即从 8 月 5 日起，不断以营、团规模的兵力在空、炮火力掩护下，先后向我军阵地实施进攻。8 月 7 日，敌美骑 1 师 7 团 1 个步兵营，对 419 团 3 营 8 连坚守的夜月山突出部 365.2 高地阵地猛烈进攻。在该连第 3 排排长刘财率领下与敌展开了肉搏战，终因敌众我寡，全排人员壮烈牺牲，阵地被敌占领。第3营当即于昼夜连续组织两次强行反击，夺回了阵地，共歼敌213人，缴获武器60余件。18日和19日敌美骑1师又集中3个营的兵力，重点向419团7、9连防守的天德山阵地发起疯狂进攻。天德山海拔高478米，山高陡险，易守难攻。两连战士依托有利地形和雏形坑道工事，经两天激战，粉碎了敌之猖狂进攻，歼敌360余名，阵地稳如泰山。敌正面攻不动，则从夜月山左侧后迂回进攻。9月18日，美骑1师1个步兵营配属土耳其旅1个连，在坦克3个连59辆坦克的支援和强大空、炮火力配合下，向第419团1营防守的大马里阵地实施进攻。我军顽强防守，用近战和阵前反击，战至黄昏，终将敌之进攻粉碎。共歼敌240余名，俘敌3名，击毁坦克6辆，击伤2辆。

第140师自接防以来，在战场环境和生活十分艰苦的条件下，除多次粉碎敌营至团规模的进攻作战外，为积极配合停战谈判，还主动

重机枪手勇猛射击，掩护部队冲锋。（馆藏照片）

寻找战机，以小部队进行伏击、偷袭、强攻、捕俘、遭遇等战斗。在3个月内共作战110余次，歼敌3165名，部队越战越勇，缴获的武器可以装备1个步兵营。而最宝贵的是，初步摸到了用我军的政治优势和传统战法，完全能够打败美军"王牌师"的"底"。把这个"底"具体化成三条基本规律就是：一、敌进攻前必频繁进行地、空侦察，我有征候可寻。二、敌步兵进攻全靠强大空、炮、坦火力支援。通常进攻前两三天便对要攻我之阵地进行狂轰滥炸。但其官兵怕死，攻击精神极差。三、敌战术死板。特别不敢与我近战、夜战，更怕我阵前反冲锋和白刃格斗，尤其怕我夜间伏击、打"点"。这个初"底"，使第47军全军对战胜装备优势之敌完全充满了信心。

迎击敌强大"攻势"，浴血奋战天德山

9月中旬，第47军党委召开扩大会议，总结3个月作战经验，重点研究今后如何在防御作战中，贯彻好毛泽东主席提出的打小歼灭战的作战方针，以及彭德怀司令员提出的"坚持防御，节节抗击，反复争夺，消灭敌人"的指导思想。曹军长说："彭老总这几句话是打小歼灭战思想的具体化。四句话是互相联系和统一的，重点是不能丢失阵地，万一丢掉了也要用反复争夺来恢复阵地，消灭敌人。"会议根据战场形势及敌近期活动征候，预见敌可能要实施大规模进攻，于是决定将第140师换下来进行短期休整。

9月23日，第140师将防务移交给第139师和141师后，便撤至浮鸭山地区休整待战。9月29日，敌在西线集中美第1集团军全部兵力，向我军发动了"秋季攻势"战役，妄图迫使我军放弃铁原以西至临津江东岸一线阵地。在第47军防御正面就集中了美骑兵第1师、美3师、希腊营和泰国团等精锐部队，在大量炮兵、坦克和飞机的掩护下，向我夜月山、天德山、287.2高地一线阵地大举进攻。为

粉碎敌之"攻势"，军党委向全军发布了作战政治动员令，要求全军必须发扬辽沈战役中黑山阻击战精神，团结奋战，"首要任务是坚守住阵地，粉碎敌之进攻"。

敌首先以美3师1个多团的兵力，向天德山东边第141师423团坚守夜月山一个连的阵地发起进攻。该连顽强防守21个小时，打退敌20余次冲锋，歼敌800余人，终因人员全部壮烈牺牲，阵地被敌占领。接着，敌美骑1师、美3师等部每天以2至3个团的兵力向我坚守天德山及其以西418高地一线的第141师422团防御阵地大举进攻。坚守天德山的该团2营，每天抗击敌人两个步兵团的进攻。坚守主阵地的第5连在"争取创造英雄连，不当英雄不下山"誓言的鼓舞下，英勇地打退敌7次集团式冲锋，子弹打光了，就用铁锹、石头、枪托和敌人进行搏斗；工事炸平了，就用弹坑和敌尸当掩体阻击敌人。凶残的敌人竟向我阵地发射毒气炮弹。英雄们撒尿浸湿毛巾，掩住口鼻，坚持与敌人殊死搏斗。连长杨宝山在反击战中，因弹药用尽，便立即烧毁重要文件后，举起石头冲入敌群勇敢搏斗而壮烈牺牲。战士们在英雄连长的鼓舞下，与敌展开了殊死搏斗。有的战士牺牲时还用双手掐着已死敌人的脖子，有的用牙齿咬着敌人的耳朵与其同归于尽，战斗极为残酷。战至10月5日，全营只剩下副团长狄进喜带10余名伤员仍坚守住天德山，最后才奉命撤离阵地。敌与我苦战7日，以伤亡7000人的代价换取了夜月山和天德山两个山头。接着，敌在继续向天德山以西我141师防守的334高地至高作洞地段的逐点进攻中，又付出了约3000人的沉重代价。

用顽强意志，筑起攻不破的"铜墙铁壁"

与此同时，在141师西面，敌骑兵第1师以第5、7两团向我坚守临津江东岸驿谷川东南地区的287.2、345.6高地一线的第139师各团阵地发起成营成团的强大进攻，敌妄图以强攻手段夺占我临津江西岸的战略要地——朔宁。曹军长用电话急令第 139 师颜德明师长："形势十分严峻，但你必须顶住，绝不能让敌突破驿谷川。"颜师长立下军令状："请军长放心，我保证不惜一切代价守住防线！"于是，他令各团加强思想动员，增修工事，调整方案，坚决阻敌前进。敌拼命地攻，我顽强地守，双方战至 10 月 6 日，敌伤亡 4000 余人，未能前进一步。10 月 8 日，敌为达目的，又将骑 1 师第 8 团加入战斗，实行重点进攻。以两个团的兵力向 416 团 5 连防守的战役要点严岘阵地轮番攻击。该连在大部人员伤亡情况下，为了坚决执行团长"顽强死守、寸土不丢"的命令，当即召集党支部骨干开会宣誓："不惜牺牲自己，坚决消灭敌人。生，要守住阵地；死，与敌同归于尽。"之后，连长和政治指导员重新调整组织，沉着机智地鼓动部队英勇作战。全连与敌激战 3 天 4 夜，连续打退敌 29 次冲锋，歼敌副团长以下 1200 余人，守住了阵地。

进攻第 415 团和 417 团之敌亦遭到我顽强阻击，未能越雷池一步。10 月 9 日，敌先后使用 8 个营的兵力，分别向 415 团 2 营坚守的 218 高地和 417 团 1 营坚守的 345.6 高地实施连续进攻，该两营以"人在阵地在"的英雄气概，与敌展开搏斗，终将进攻之敌打退，守住了阵地。共歼敌 950 余人。我军用顽强意志和视死如归精神，依托既设阵地，构成了坚强的铜墙铁壁，不少干部战士在浴血奋战中与敌同归于尽，仅 415 团就出现了"王成式"的英雄 25 位，使敌大规模进攻成了攻不动的"攻势"。连日本陆战研究会编写的朝鲜战争丛书都说："美骑 1 师在中国军队的迟滞面前不能前进一步"。"中国军队连一个小山头也要拼命死守，这真是一个让人不可思议的问题"。资产阶级学者们，对中国军人的这种血性和意志是永远也不可能理解的！

反复争夺保寸土，及时反击歼疲敌

10月10日，47军部令二线休整的第140师开赴前线，接替第139师的防务。坚决阻击敌突破骊谷川，占领朔宁。

第420团刚一接防，敌便展开20多个重炮群在飞机、坦克的配合下，对该团各阵地实施毁灭性轰击。平均日落炮弹2万—3万发，阵地上工事全被摧毁，浮土达1米多深。10月10日至17日，敌美骑1师集中重兵，对该团345.6高地为重点的各防守阵地实行多路集团式的昼夜轮番攻击，妄图突破我军阵地。该团各连在我炮兵支援下，与敌激战七天八夜，先后打退敌排以上兵力的集群冲锋147次，以班排兵力实施反击或与敌反复争夺近30次，终于守住了阵地，共歼敌4000余人。

第418团于10日晚接防后，即令第6连去上浦坊南山占领阵地，恰与敌1个营兵力遭遇，激战中敌以兵多占了主峰。该营以另两个连勇猛实施反击，夺占了主峰。歼敌骑1师7团第1、3连全部和火器连大部共302人，俘敌上尉连长库特斯等6人。敌竟报复性地对2营阵地实行强攻。10月23日至24日，敌以1个营兵力向第4连发起猛攻。该连顽强阻击，歼敌100余人，战至下午阵地被敌占领。形势危急！第2营即将全部散余兵力组成6个排，与敌反复争夺，恢复了全部阵地。歼敌美骑1师5团1营近400人，生俘14人，缴获各种轻重武器100余件。鉴于该营已苦战多日，减员较大，师决定以第419团3营于当晚23时接替其防务。次日天刚蒙蒙亮，敌便在飞机、大炮和坦克火力掩护下，以步兵成排成连地连续组织冲锋。坚守主阵地的第7连发扬我军近战特点，在恶劣环境下与敌苦战16个小时，抗击着美骑1师两个步兵营的疯狂进攻，打退敌大小冲锋20余次，与敌反复争夺5次，共歼敌430余人，阵地屹立未动。

我军为阻敌前进,在驿谷川畔与敌进行了大量的反复争夺战。双方为了争夺一个山头,往往须反复争夺四五个回合,在敌付出惨重代价后,才能换取一个要点。可以说,朝鲜战场上的地面争夺战,是战争史上所罕见的。

敌在西线发动的"秋季攻势"基本被我粉碎,已无力再攻。军长曹里怀决定趁敌疲惫和阵地不坚之际,及时组织兵力对敌突出阵地进行反击。经志愿军总部批准,于11月2日至15日,先后对敌新村高地、正洞西山、石岘洞北山等5个突出阵地进行反击,取得了全歼守敌的重大胜利。其中尤以正洞西山反击战打得最漂亮。

正洞西山刚被敌占领两天,为美骑1师第7团1营两个连防守。该阵地是涟川至朔宁公路的咽喉制高点。11月4日晚,由军统一组织第139师和141师共11个连的兵力向该阵地之敌实施反击。经充分炮火准备后,我攻击部队从南北方向突然发起战斗,经约3小时战斗,胜利地在主峰会合,共歼守敌460余人。为防敌空炮报复,当即将主力撤离,仅留2个连防守。次日敌以两个营猛烈反扑。我顽强阻击至14时,歼敌400余人,即奉命撤出战斗,将阵地让敌占领。我军于当夜再次举行反击,天亮前将该阵地占领,敌被全歼。此战,全歼美骑兵第1师7团8个整连,共计歼敌2496名,俘敌53名。缴获各种枪炮500余件。志愿军总部发来祝捷电,给予慰问和嘉奖。20世纪80年代军事科学院出版的《中国人民志愿军抗美援朝战争史》评价为:"创造了阵地进攻作战中打小歼灭战的光辉范例"。

第47军在粉碎敌人于西线发动"秋季攻势"的50余天作战中,共歼敌2.5万余人。敌平均前进不到2.5公里,共占去土地90平方公里。此役,美骑兵第1师败得最惨。第47军共歼该师之第5、7、8团等部1.8万余人,其中成建制的完整连队就达10个以上。这在该师的战史上是罕见的。因其被打得彻底丧失了元气，不得不撤至日本进行长期大休整。之后，朝鲜战场上再也未见到过这支"王牌军"。

作者：张家裕，原志愿军第 47 军 140 师 419 团司令部测绘员，中国人民解放军军事科学院研究员

中国人民志愿军第 67 军修建
上甘岭防御阵地纪实

1952 年 3 月 25 日，彭德怀司令员在桧仓志愿军司令部主持召开的作战会议上，作出了一项重要决定：为了迎战美军发动的"春季攻势"，要在上甘岭防御纵深二线阵地，修筑坚固防御工事。随后，志司命令正在二线进行紧张战备训练的 67 军，以一个师的兵力进至平康北部构筑防御工事。

5 月 13 日，67 军决定，由 200 师开进平康以北地区，担任正面宽约 17 公里、纵深约 12 公里地幅内的战备筑城任务。

平康以北地区，是我中朝军队中部的二线要冲，是平康通往洗浦里的咽喉阵地，地形开阔，便于敌人空降。为了防止敌人空降和从平康地区突破我防御纵深，威胁我新高山供应基地和交通枢纽，造成我防御作战的不利态势，彭德怀司令员决定在平康以北地区构筑以坑道为骨干，结合掘开式发射工事的永久性、半永久性的二线作战阵地，迎击美军发动的"春季攻势"。

200 师受领了这一光荣任务后，对部队进行了深入的思想动员和紧张的准备，按照一个加强师防御阵地的要求，对兵力、火力进行了精确地计算，认真拟制了施工方案。部队一面组织干部进行战术工程勘察，制定作战方案和施工计划，一面对部队深入进行动员教育，着重说明筑城的重大意义，号召大家准备吃大苦，多流汗，在战备筑城中创造新荣誉。

此时，67 军代军长李湘，率作战参谋及军领导机关干部深入前沿侦察地形，制定工程计划，组织部队完成筑城任务。5月16日，200师按照预定方案开赴作业地区，5月30日正式开工。师、团广泛发动群众，发扬自力更生、艰苦创业的革命精神，没有作业工具，就发动战士拾废铁、烧木炭、造风箱，自己制造工具；没有技术人员，就在群众中选师傅带徒弟，集中全师搞过各行技

选择打炮眼位置。（馆藏照片）

自建小铁匠炉把钢钎打尖，提高工作效率。（馆藏照片）

术的人员为教员，成立师技术训练队，培养了各种施工技术骨干821 名。不到一个月时间，全师就成立了 68 个铁匠组，106 个木工组，拾废铁 115079 公斤，烧木炭 532662 公斤，制造各种作业工具共 5023 件，两爪钉 128266 个。自制马拉大车 65 辆，手推车 980辆和大量的测量器材。不仅保证了按时开工，还为国家节约资金1101800 元（旧币）。

整个筑城作业是在极为艰苦的条件下进行的。时值炎夏和雨季，站在泥水中作业，身上穿着淋湿的衣服，掘土、凿石、伐木运料，部队始终精神饱满。坑道内潮湿阴冷，空气稀薄，再加爆破后的瓦斯气体排不出来，给掘进带来很大困难；运木人员肩负百多斤，爬山越岭，在崎岖的道路上往返日行数十里。为了提高工效，加快速度，单位之间、个人之间普遍展开了作业竞赛和思想、体力、技术三大互助以及技术革新活动。师、团都召开了革新创造现场展览会，营以下单位共召开经验交流会、评比会1295次。如599团5连创造了"接力运木法"；600团4连战士王友来创造了"并肩接木法"，提高工效80%。有些战士一连打1200锤不肯休息。599团3连的张哈雨小组奋战一昼夜出土75.6立方米。各级机关和各级干部也是夜以继日，不畏劳苦地奋战在施工现场，师机关80%的干部住在连队现场指导。598团6连连长孙树发，在雨天和战士一起劳动，解决了雨天装药、爆破、夜间作业、连续点火等许多技术难点，获得了全团"优秀施工单位"称号。工程进度大幅度提高。

在200师执行筑城任务的过程中，67军代军长李湘虽患重病，却经常爬山越岭，深入施工现场了解情况，甚至在患病的高烧期间，直至逝世的前5天，他仍出现在正在施工的阵地上指挥施工。

200师经过4个月的奋战，到9月30日筑城任务圆满完成。共掘进坑道和坑道掩蔽部181条，合计掘进7339.1米，总出土石量113656.1立方米。被覆坑道3626米，总出土石量113656.1立方米。完成掘开式掩蔽部14个，榴炮工事24个，坑道住室、弹药室59个，交通壕2172米，修路198公里，架桥13座，各种掘开式住室、课堂、仓库2511所。

在取得以上成绩的同时，还培养了大量的技术人员，轮训了全师班以上干部，提高了部队战术、技术水平，大大锻炼了部队吃大苦、耐大劳的作风，给完成以后的作战任务奠定了较好的思想基础。

战士们称自己所筑坑道为"无敌坑道"。(馆藏照片)

这次战备筑城任务完成后，经上级验收合乎标准要求，受到了志司的通令嘉奖。

作者：曹家麟，原志愿军第 67 军文工队员、文化教员

中国人民志愿军第 15 军
生死决战上甘岭

毛泽东主席指出，历史上没有攻不破的防线，上甘岭防线没有被攻破，这还是奇迹！上甘岭战役是抗美援朝战争中具有重要意义的一次战役。我亲历了这场战役。我把我的经历和感受记叙如下。

彭德怀准确判断敌人进攻方向

1952 年 4 月，15 军军长秦基伟在志愿军司令部向彭德怀司令员报告工作时，彭老总指出五圣山的重要性，一定要守住五圣山。

正如彭德怀判断，美国军界的"山地专家"、美第 8 集团军司令范佛里特，精心策划了名为"摊牌作战"计划，其要点就是以强大的火力进攻夺取五圣山，完全掌控中线战场的攻防主动权，进而沿着平康平原北犯，切断东线十几万中朝军队的退路，并直逼朝鲜首都平壤，改变停战分界线。

"摊牌作战"计划于 1952 年 6 月呈送新上任的"联合国军"总司令克拉克。虽还未批准，但好战的范佛里特按计划紧锣密鼓地准备着。将美王牌师第 7 师换下美 2 师，南朝鲜军 2 师换下美 40 师，美 40 师调到金化以南的芝浦里，南朝鲜军 8 师调史仓里二线待命。

范佛里特把美 1 军、美 2 军、美 10 军的军长召集到美 7 师召开高级军官会议，并到美 7 师、南朝鲜军 2 师阵地实地考察，研究作战方案，在芝浦里多次进行军事演习；一批又一批的军官抵近五圣山的重要支撑点上甘岭前沿阵地侦察地形，多次进行试探性的小型攻击；军官们乘直升飞机反复察看我前沿阵地。从 7 月到 10 月，进攻准备

上甘岭战役中的志愿军 15 军指挥所。（馆藏照片）

时间非常充分。

志愿军构筑坑道工事及时

　　五圣山的防御任务交给了第 15 军 45 师 135 团。1952 年 4 月 17 日，135 团接替 26 军 77 师 231 团，进入五圣山阵地。同月，彭老总回国，陈赓代理其职务。他召开了全志愿军的筑城会议，传达了毛主席关于"树立长期作战思想"的指示，毛主席早就讲过，战争的根本原则就是保存自己消灭敌人，并具体部署了筑城作业。前沿的指战员，一面对付敌人的攻击、骚扰，一面冒着敌人飞机和炮火的袭击，开山劈石，艰苦劳累，抢时间，抓进度，克服重重困难，至 7 月底，45 师已构筑坑道 306 条，长 8800 米，坑道初步挖成，"阵地之家"建起来了，可以存粮食和弹药，能生火做饭，能洗澡、理发；文工团能到前沿坑道里为战友们唱歌，表演节目；师电教组能到前沿坑道放电影……坑道能攻能守，成为炸不烂的"地下长城"，成为我军前沿阵地的钢铁防线，依托坑道，可以给敢于进攻的敌人以迎头痛击。

上甘岭顶住敌人强大冲击波

1952 年 10 月 13 日下午 2 时许，敌人开始对我阵地进行轰炸，庞大的机群向五圣山压来。最前面的 F-84 战斗机在五圣山高空画圈飞着掩护；P-51 强击机群分成若干队，分别向五圣山及其周围的各个预定目标攻击；6 架一排的 B-29 重型轰炸机群，在上甘岭上空一排排地将重磅炸弹一网网地倾倒下来，太阳被烟尘遮盖成一个黄色影子，白天变成夜晚一样。

10 月 14 日凌晨 4 时 30 分，美联社的电波向世界宣布："联合国军"向共军发起的最猛烈进攻——金化攻势开始啦!

上甘岭坑道里的志愿军指战员们，不畏敌人火力的强大，注视、分析、判断着敌人的动向。凌晨 5 点，敌人炮火转移，步兵开始向我阵地冲击。我前沿部队迅速冲出坑道，抢占山顶，以寡敌众，与敌人展开了惨烈的血战。

上甘岭阵地上志愿军的两个连，抗击着 10 倍于我兵力的强大进攻。135 团 9 连和 8 连的 1 排在 597.9 高地上抗击了敌人 38 次波浪式进攻，800 具美军尸体横躺阵地前。135 团 1 连在 537.7 北山，抗击了敌人 40 次波浪式进攻，500 多具南朝鲜军尸体躺在了战地上。敌人一浪又一浪的进攻，战斗紧张激烈，重伤员不顾生命垂危，帮着压子弹，才赶得上战斗的紧急需要。激战第一天打了 40 多万发子弹，储存的弹药打光了，80% 的枪支打坏了，被迫退守坑道。

上甘岭阵地拴着全体指战员的心。前沿阵地没弹药了，大家忙着

志愿军部队坚守在上甘岭阵地上。（馆藏照片）

向前沿送弹药。我这个 15 岁小兵，忘却一天激战的疲劳，扛起一箱弹药，加入送弹药行列。敌人炮火密集射击，形成千米的火海封锁线。英雄的战友们，为了前沿，为了胜利，勇闯火海，许多战友冲进火海就被四面横飞的弹片击倒。我参加过第五次战役的朴达峰阻击战和五圣山防御战斗，算是有战斗经验的战士。我知道弹片是斜着向上飞的，我必须以最低的姿势才能从横飞的弹片下面钻过去。我抱着弹药箱，趴在地上，前面几发炮弹刚炸，我迅疾连滚带爬冲进刚炸的弹坑，前面炮弹炸响，我又爬到前面弹坑里，一个弹坑一个弹坑地前进。虽然累得口喘粗气，但钻出了千米火海，终于把弹药送进了坑道。

坚守坑道为决定性反击创造条件

上甘岭阵地，敌人志在必得，我军寸土不让。七天七夜的阵地斗争，得出的结论是：反击容易坚守难。坑道，是中国军人的伟大创造，是坚守上甘岭部队的坚甲厚盾。现在，转入坑道斗争的部队，将在山肚子里搅得表面阵地的敌人心慌意乱。

敌人为达到长期占领的目的，以 5 个连守备 597.9 高地，4 个连守备 537.7 北山。一面加修工事，一面用尽一切毒辣手段破坏坑道。敌人在坑道口周围架铁丝网，埋地雷封锁，战友们用手榴弹将其炸毁；敌人用土、石、球形铁丝网堵住坑道口，战友们用手雷将其炸碎排除；敌人用毒气、硫磺熏，战友们用弹药箱堵、用尿布捂住口鼻过滤空气；敌人在坑道口旁修工事、筑地堡，战友们夜间往外丢罐头盒，敌人以为我反击，盲目地猛烈扫射，丢一次，射一次，次数多了，敌人麻痹了，不扫射了，战友们出其不意地将地堡炸毁。

坑道里的战友忍受着难以想象的艰苦、折磨。坑道里空气不流通，伤员缺医少药，烈士遗体不能及时掩埋。坑道里高温、硝烟、硫磺、血腥、汗臭、空气污浊到不堪忍受的程度。严重缺水，饼干咽不下。几天没喝水，以尿解渴，最缺水的时刻，只有重伤员才能喝一点点尿。

我们部队在恶劣环境下，战友们更加团结友爱。卫生员们以高度责任感，精心护理伤员。他们从敌人尸体上收集救急包，拾照明弹降落伞做绷带，用棉絮煮沸消毒后做药棉，用弹药箱板做夹板，尽一切可能护理着伤员。还有电影《上甘岭》中感人的"一个苹果的故事"。这样团结友爱的军队，是任何困难都能克服的。

坚守坑道的部队心中怀着胜利的信心，多坚守一天，大反击就准备得更充分，胜利就多一点。特别是祖国人民赴朝慰问团来到五圣山后，消息传到前沿，指战员们感到祖国就在身后，亲人就在身边，敌人要消灭，阵地必须夺回，是前沿指战员的意志，是全军的荣誉。坑道部队普遍开展了小出击活动。597.9 高地 2 号坑道在 10 余天的坑道

军长秦基伟在听取英雄八连指导员王士根汇报在坑道内坚持战斗的情况。（馆藏照片）

斗争中，夜摸 32 次，毙伤敌 70 余人，自己仅伤亡 3 人。在 2 号和 8 号坑道之间的小坑道开展"打活靶"活动，11 昼夜歼敌 220 人。张广生参谋常来往于 0 号、4 号坑道，指挥 4 连编成 3 人一组小兵群，以敌地堡为目标，歼敌 470 余人。第 15 军 134 团 8 连 14 昼夜，小组夜摸 13 次，班、排小出击 12 次，共歼敌 1700 余人。

10 多个昼夜艰苦卓绝的坑道战斗，歼敌 5000 余人，取得重大胜利，为大反击赢取了时间，创造了条件。

志愿军决定性大反击

在 15 军作战会议上，45 师师长崔建功、政治委员聂济峰决定要打到底，要打到最后胜利。师团把警卫分队、警卫员、机关勤杂人员，补入战斗连队，全师迅速整补起 13 个战斗连队。师决定：集中力量先反击597.9 高地；巩固后再反击 537.7 北山，反击成功，立即换守备部队防守。

10 月 29 日，秦基伟军长指示：利用有利地形，大量歼灭敌人，30 日夜，只拿下 597.9 高地主峰，其余次日夺取之。

10 月 30 日 12 时至 17 时，我军五圣山后的百多门大炮对 597.9高地表面阵地之敌工事进行破坏性射击。敌 B-29 轰炸机群立即对我炮兵阵地疯狂轰炸，我英雄炮兵在敌机和敌炮狂轰滥炸下，继续向597.9 高地表面阵地轰击。一场空前的地空火力大战持续一下午，我军炮火摧毁了敌人 70% 的地堡群。

22 时，我炮兵又对 597.9 高地之敌急袭 5 分钟后延伸射击，在坑道口的战士指着天空惊喜地叫着"火箭炮！火箭炮！"，拖着黄尾巴的一串串火镖从五圣山后飞出，喀秋莎一个团的齐放，把南朝鲜军二梯队全部消灭。激战至 31 日凌晨 0 点 55 分，597.9 高地主峰全部恢复。31 日 24 时，134 团和 86 团各一个连，在野榴炮 6 个连的炮火 10 分钟急袭后，对 2 号、8 号、11 号阵地进行反击，全歼守敌 2 个连，恢复了 597.9 高地全部表面阵地。

作者：贾汝功，原志愿军第 15 军 45 师 135 团战士，一等功臣

中国人民志愿军第 9 兵团
冰雪鏖战长津湖

　　中国人民志愿军第二次战役东线作战的战场，位于朝鲜东北部的长津湖地区。长津湖为长津发电站的蓄水湖，群山包围，东西两岸均为海拔 1300 多米的山地，地势险要。1950 年 10 月下旬，长津湖地区开始普降大雪。到 11 月下旬，气温已下降到零下 27 摄氏度左右，到处是白雪覆地，加之山高路窄，道路冰封，作战环境极为恶劣。志愿军第 42 军就是在这样恶劣的条件下，在长津湖地区节节阻击敌军，诱敌深入，并掩护第 9 兵团开进。

　　原定第 9 兵团从山东开到东北后，先整训一个时期，然后再入朝作战。但因朝鲜东线战事急迫，第 9 兵团开到东北后未作停留，遂提前直接入朝作战。因第 9 兵团官兵大部来自南方，入朝时御寒服装来不及发放，加之缺乏高寒地区生活和作战经验，防寒准备严重不足，人员衣着单薄。同时，山路险峻，美军飞机猖狂轰炸，我军大量汽车被毁，粮食、被服、弹药补给运不上去，战区内人烟稀少，就地筹借粮食也十分困难。部队进入战区后，没有住房，缺少粮食，只能在雪地里露营。第 9 兵团就是在这种情况下投入朝鲜作战的。多年后，宋时轮将军回忆说："其艰苦程度超过红军长征！"

　　第 9 兵团在饥寒交加中，经过艰难跋涉，于 1950 年 11 月 26 日深夜，全部在长津湖地区预定反击地域完成集结。第 9 兵团在 19 天的时间里，行程 460 公里，克服了难以想象的困难，非战斗减员达到了惊人数字。

此时，美军也在这极其寒冷并不适合作战的地区艰难地向北推进。尽管美军在作战补给和后勤保障上有着极强的能力，但在这个恶劣的气候条件下，在这个冰封雪飘、山高林密的高原，美军高度的机械化装备在这里发挥不了作用，汽车发动不起来，坦克找不到行走的路线，大型辎重装备在路上比人走得还要慢。士兵虽然有大头鞋、防寒服、鸭绒被、棉帐篷等御寒物品，但被冻伤、冻死的非战斗减员数量也不计其数，但美第 10 军军长阿尔蒙德驱使美陆战第 1 师、步兵第 7 师、南朝鲜第 1 军团快速北进。11 月 21 日，美第 7 师 17 团进至鸭绿江边的惠山镇，这是美军到达中朝边境的第一支也是唯一的一支部队。

根据敌情，宋时轮司令员与兵团领导决定，抓住美军兵力分散、尚未发现志愿军部队集结的有利时机，"集中第 20 军及 27 军主力，

志愿军战士通过长津湖大桥。(馆藏照片)

首先歼灭柳潭里、新兴里、下碣隅里地区的美陆战第1师的主力。得手后视机歼灭美第7师第31团或美陆战第1师的增援部队"。

11月27日上午，东线美军和南朝鲜军开始发动进攻。就在美第10军发起进攻的同一天，黄昏，志愿军第9兵团突然对长津湖地区的美军部队发起猛烈反击，迅速完成了对长津湖地区之敌的分割包围。从西侧进攻的第20军第60师、第58师三面包围了下碣隅里之敌，割断了柳潭里与下碣隅里敌人的联系；从正面进攻的志愿军第27军、第81师主力占领了赴战湖西侧的广大里地区，割裂了美步兵第7师与美陆战第1师的联系；第79师、第80师当夜各歼敌一部。第9兵团经过一夜战斗，把美陆战第1师和美步兵第7师一部，分割包围于柳潭里、新兴里和下碣隅里等地。

美陆战第1师和美步兵第7师虽然被打了个措手不及，但还是进

志愿军部队围歼长津湖美军。（馆藏照片）

行了顽强抵抗。他们以近200辆坦克在几个被围点上围成环形防御圈，开辟临时机场，迅速运走战伤和冻伤人员，运来武器弹药和御寒装备。夜间死守，白天依靠强大的地空火力掩护，向第9兵团攻击部队发动猛烈反扑。

在战斗中，第9兵团虽然给被围之敌以重大打击，但各部伤亡也异常惨重。第80师减员近三分之一，第79师减员竟达三分之二，而两个师的冻伤减员竟达全部减员三分之一。这意味着战斗开始头10个小时，第9兵团攻击部队全部减员竟达万人。

28日全天，被围美军全力反扑，第9兵团各部在饥寒交迫、非战斗减员剧增和装备低劣的极端不利的情况下，迎战在航空火力和优势地面炮火掩护下的美军部队。战斗最为激烈的是包围美陆战第1师的柳潭里和下碣隅里的志愿军。

下碣隅里和古土里的美军部队，分别向第20军第58师和第60师阵地猛烈进攻，企图打开接应新兴里和柳潭里美军部队的通道。29日拂晓，美陆战第1师部队在飞机坦克配合下，向下碣隅里东南角1071.1高地发起一次又一次的猛烈冲击。据守高地的是第20军第58师第172团第3连第3排，指挥战斗的就是解放战争中已是战斗英雄的第3连连长杨根思。他率领第3排坚守的下碣隅里1071.1高地，扼制公路，是美军南逃的必经之路。南逃的美军以飞机、火炮对高地狂轰滥炸，大量的炸弹、炮弹、燃烧弹密集地落在高地上，整个高地硝烟弥漫、烈火熊熊。

坚守阵地的连长杨根思率领第3连第3排，克服寒冷、饥饿、弹药不足等常人难以想象的困难，连续打退美军的8次进攻。战至上午10时，当美军发起第9次进攻时，3排阵地上的弹药已打光，人员只剩下两名伤员，增援部队尚在途中。在此紧要关头，已负伤的杨根思抱起阵地上仅有的一个5公斤炸药包，拉燃导火索，冲入敌群，与敌人同归于尽，以生命和鲜血守住了阵地，谱写了一曲革命英雄主义的壮丽赞歌。

在志愿军的猛烈进攻下，东线美军不得不由进攻转入防御。29日上午，美军第 1 陆战团以配属该团的英国皇家陆战队共 1000 余人，在 30 余架飞机的掩护下，向志愿军第 20 军 60 师和 58 师的一线阵地发起猛烈进攻，企图打通与被包围之敌的联系。第 60 师师长俞炳辉，指挥第 178 团和第 179 团沉着应战，奋力击退这支美军的多次进攻。黄昏时分，敌军没有了飞机的掩护，被志愿军第 179 团严密包围。第 60 师一面紧缩包围，对敌施加军事压力，一面利用俘房喊话，迫敌投降。在志愿军强大的军事和政治攻势之下，被包围的美英军于 30 日 8 时全部放下武器，向志愿军投降。

美第 31 团级战斗队伤亡惨重，在外援无望即将被歼的情况下，指挥官费斯上校命令毁掉所有的火炮、卡车和补给品，在 40 余架飞机掩护下，以 10 余辆坦克为先导，沿公路向南突围。志愿军第 80 师和第 81 师在伤亡惨重的情况下仍然坚持战斗，不顾敌机的轰炸与严密封锁，奋勇追击，沿途围追堵截，将美第 31 团级战斗队大部歼灭。至 12 月 2 日 4 时，战斗胜利结束。志愿军第 27 军共歼敌 3191 人，击毙美第 31 团指挥官麦克里安上校和继任指挥官费斯上校，创造了志愿军在朝鲜战场上以劣势装备全歼现代化装备美军 1 个加强团的模范战例。

根据中央军委和志愿军首长关于集中全力"加紧歼灭被围之敌"的指示，第 9 兵团首长决定采取围追堵截的战术，全力以赴，歼灭长津湖地区的敌人。第 9 兵团以第 27 军和第 20 军第 59 师，迅速歼灭柳潭里突围之敌；令第 26 军由长津以北文岳里、袂物里地区南下，接替第 20 军攻击下碣隅里之敌；令第 20 军第 60 师、第 58 师前出至黄草岭地区，第 89 师留一部于社仓里警戒，师主力前出至黄草岭以南上通里、下通里地区，阻止美军南逃北援。

经过近半个月的激战，第 9 兵团已经极度疲劳，特别是冻伤减员十分严重，情况最严重的第 79 师战斗伤亡 2297 人，冻伤减员则达 2157 人。但为争取整个战局的有利局面，第 9 兵团仍决定"不顾一切困难和代价，继续组织所有还能勉强支持的人员，力争歼灭南窜与援敌或大部"。

第 9 兵团在极其艰难困苦的条件下，发扬人民军队英勇顽强、不怕艰难困苦，不怕流血牺牲的革命精神，同美军浴血奋战十余个昼夜，歼敌 13916 人，予美陆战第 1 师和步兵第 7 师一部歼灭性打击，打开东线战局，并有力保障了志愿军西线部队的侧后安全，完成了艰巨的战备任务。

在长津湖战场上缴获的美军无线电通讯车。（馆藏照片）

美陆战第 1 师是美军的王牌部队，曾在第二次世界大战美军太平洋战场的历次登陆作战中担负开路任务，战斗力在美军部队中首屈一指。但在长津湖地区的战斗中，该师却风光不再，经历了该师历史上最惨痛的一次失败，伤亡惨重。据美国海军陆战队官方战史披露，仅在 11 月 27 日至 12 月 15 日，该师即减员达 7321 人。因此，美国人把长津湖之战称作"陆战队历史上最为艰辛的磨难"。美合众社哀叹"这是美军建军以来最大失败，是美国建军史上最黑暗的时期"。

毛泽东主席评价说："九兵团此次在东线作战，在极困难条件之下，完成了巨大的战略任务。"

作者：齐红，抗美援朝纪念馆文物部部长、研究馆员；
李双岩，抗美援朝纪念馆研究一部部长

中国人民志愿军第 112 师
英勇激战松骨峰

抗美援朝战争中，我在第 38 军 114 师司令部任翟仲禹师长警卫员时，耳闻目睹了一场经典之战："关门打狗"——松骨峰阻击战的实况。

彭德怀司令员部署的"口袋"战术

那是 1950 年 11 月，在云山、黄草岭刚打完第一次战役后，"联合国军"总司令麦克阿瑟虽然发现中国已经出兵，但他认为，一个贫穷的中国出几个兵，武器又那么落后，没什么了不起。他狂妄地扬言：一周内饮马鸭绿江，占领全朝鲜，结束朝鲜战争，让他的士兵回家过圣诞节。于是他调动 23 万兵力，500 辆坦克，400 门大炮，上千架飞机，发动一场大规模的攻势，疯狂向北推进。

彭德怀司令员对此凶猛的敌人，早已胸有成竹。他指示前线部队后撤 30 公里，诱敌深入，来个"口袋"战术。命令我们 38 军派出两个主力部队，插到敌后三所里、龙源里和松骨峰，堵住敌人后退南逃之路。其余大部队待机围歼，集中优势兵力，将敌各个击破。这是第二次战役彭老总的战略部署。而麦克阿瑟错误认为中国军队撤退了，不堪一击，他更加胆大妄为指挥他的部队向北推进。

彭德怀司令员要求 38 军两支部队，一定要在 28 日凌晨前插到指定地点，坚决堵死敌人南逃大门。第 38 军 113 师和 112 师受命后，在 27 日黄昏，从德川、新兴洞出发，冲破敌人的防线，途中遇山爬山，遇河涉水，遇到敌人，不惜一切代价也要冲过去。一定要在 14 个小时内到达上述指定地点。部队经过几天几夜连续行军打仗，人员已相当疲劳，这么远的路程，路途艰难，粮弹供应困难，部队能不能挺住敌人的飞机、坦克、大炮的攻击按时到达，连梁兴初军长和彭德怀司令员以及几位副司令都很担心。但是这两支部队指战员听说这是彭老总的战略部署，要有大仗打了，个个情绪激昂，什么饥饿、疲劳都被抛到九霄云外，如同猛虎下山，不顾一切急奔前方。终于在 28 日凌晨，比预定时间提前 5 分钟到达上述指定地点。

浴血奋战松骨峰

第 112 师受命在松骨峰堵住敌人退路。335 团 3 连刚爬上松骨峰，还没来得及修筑工事，美军第 8 集团军司令沃克就发现，后面被堵

志愿军战士居高临下，待机歼敌。（馆藏照片）

了。他急忙调动飞机、坦克、大炮，对松骨峰狂轰滥炸，接着大批步兵蜂拥而来。这是一场大战恶战。3 连指战员临危不惧，奋力迎战，坚决堵住这道"闸门"，要关门打"狗"。

3 连 8 班阵地，是松骨峰的突出部，敌人想要占领松骨峰必先拿下 8 班阵地，所以 8 班任务非常严峻。全班 13 个人，个个都严阵以待。敌人的飞机大炮猛轰了一阵以后，十几辆坦克当先导，后面黑压压的步兵汹涌而来。8 班机枪手赵锡杰急不可待，早就想搂火了，可是敌人没进到短射程的距离，班长王金传是不会下令的，当敌人进到 50 米、30 米、20 米时，班长一声令下"打"！顿时，全班的火力步枪、机枪、手榴弹一起开火，小赵的机关枪连打了五梭，前沿的敌人倒了一大片。但是敌人的坦克和后面跟随的步兵，更加凶猛而来。王班长指挥爆破组打坦克，老兵崔玉亮率领李树国和张贵业拎着手雷跃出堑壕，冲向敌人冲上来的坦克。崔玉亮和李树国一个一个手雷，甩到坦克要害部位，两辆坦克都趴窝不动了。而张贵业打出的手雷坦克却照样跑，这个贵州苗族小战士急红了眼，机灵地跳上坦克，把第二个手雷从顶盖口塞进去，又飞速地跳下来，一声巨响，坦克不动了。但是敌人步兵继续冲上来，在这节骨眼上，丁振岱的机关枪出了故障，原来是枪管打红变了形，小丁扔下机枪，捡起烈士的步枪，上了刺刀向敌人冲去，突然被敌人一颗子弹擦过脸庞，鲜血从脸颊淌下来，小丁毫无理会，瞪着血红的大眼，同敌人拼开刺刀。当他第六次负伤时，敌人一颗子弹穿进他的大腿，鲜血染红了裤子，小丁不顾一切，继续冲向敌人拼刺刀。刺刀捅弯了，就用枪托砸，枪托砸断了，他干脆赤手空拳，抱着敌人摔起跤来。这时 4 班上来增援，敌人扔下小丁，拔腿要跑，小丁趴在地上抓住敌人的腿不放，两人又摔起跤来。最后掐死了这个敌人才放手。排长陈长贵上去要背小丁，他摇摇头说："排长，你快去指挥战斗！"他右手往衣兜里伸，排长问他："要掏什么？"

他说："我有一封信，胜利了向祖国报个喜……"话还没说完，就闭上了眼睛，排长望着他，禁不住流下了眼泪。

　　战斗一次比一次更加猛烈，从开始一个连到一个团，大炮、坦克更加凶猛，连火焰喷射器也上来了。3排阵地上的战斗白热化了，人员伤亡过半。面对敌人继续猛烈进攻，连长戴如义急红了眼，他抓了一支步枪，上了刺刀，飞快冲上，3排阵地，一连捅死了3个敌人，回头看看3排的战士，个个身上都是血染衣裳，满脸灰尘，嘴里露出一口白牙，他心疼地问："你们排长呢？"一个战士回答："排长牺牲了。"另一个战士说："班长也牺牲了。"连长难过得再也不说话了，在旁边的邢玉堂对连长说："放心吧连长，就是剩一个人，也能顶得住，决不让敌人从我们阵地上跑过去……"刚说这句半截话，一颗燃烧弹突然落到邢玉堂身边，火苗飞溅到邢玉堂的衣上，起了乎乎的火

志愿军战士在敌人飞机和坦克轮番进攻下，坚守高地。（馆藏照片）

苗。这个机灵的战士，抱着枪往地上滚了几下，因火势太大没有压灭，他望着连长，高喊着："坚决战斗到底！"就带着乎乎的火苗，扑向敌人。旁边还有几个战友也带着火苗，像邢玉堂一样，向敌人扑去。这时敌群里一片混乱，魂不附体，有人喊："OK，HO，火人来了"，他们不知所措，丢枪只顾逃命了。邢玉堂抱住那个敌人，用他身上的火苗烧死敌人同归于尽……

松骨峰阵地上连排干部、班长都牺牲了，3 连 148 人，到最后仅剩 7 人，其中包括一个重伤，两个轻伤。在松骨峰前的 8 班阵地上，13 个人全部壮烈牺牲了。但是 3 连的勇士们始终像一颗钉子一样，死死钉在松骨峰阵地上，敌人的飞机、坦克、大炮、上千兵力，也没能打开这道逃命的"闸门"，成了瓮中之鳖。

志愿军是"最可爱的人"

战斗到 30 日早晨，阵地上平静了。112 师师长杨大易带领警卫员和参谋等人来到 3 连阵地，随军作家魏巍也跟上去。他们看到了一生从来没见过这样悲壮的场面：幸存的 7 位勇士依然坚守在堑壕里，阵地前沿堆满了美军几百具尸体，摔碎的枪支扔了一大片，我们牺牲的战士有各种各样的姿势，有的抱着敌人同归于尽，有的手里抓住敌人一直不放，有的手还握着手榴弹粘满敌人的脑浆……走在前面的杨师长，一眼就辨认出邢玉堂，他身上的余烬还在燃烧，看着这幅对祖国无限忠诚、对敌人刻骨仇恨的壮烈场面，他们深深地感动了，魏巍激动地说："我们的战士太可爱了。"杨师长禁不住流下了眼泪。

11 月 28 日黄昏，西线志愿军 6 个军发起全面总攻，此时美第 1 师、25 师、"美骑一师"、土耳其，及南朝鲜"首部师"在顺川一带被志愿军重重包围、分割，成了瓮中之鳖。

此役，38 军歼敌 7485 人，俘虏 3616 人，其中美军 1042 人，缴获汽车 1500 辆，大炮 389 门，坦克 40 多辆。更重要的是配合第二次战役"扎口袋"起到关键性作用。但在这场惨烈的战斗中，38 军也付出很大代价。有 6772 位战友阵亡，8513 人负伤。第 38 军在三所里、龙源里和松骨峰等地的战斗，关住敌人后退的大门，保证了第二次战役"扎口袋"战术的成功。彭德怀司令员高兴地在通令嘉奖令上写道"38 军万岁"。从此，"万岁军"殊荣扬名于世，永载史册。魏巍以这场战斗为题材，写了战地通讯《谁是最可爱的人》，这篇文章得到毛主席的肯定和全国人民的赞扬，成为中小学爱国主义教育的教科书。

作者：覃照群，原志愿军第 38 军 114 师师长翟仲禹警卫员

中国人民志愿军第 149 师
全歼英国皇家重型坦克营

参加以美国为首的"联合国军"的英军第 29 旅所属皇家重型坦克营，是英军的装甲劲旅，也是以美国为首的"联合国军"的手中王牌。装备性能优越的丘吉尔重型坦克，在朝鲜战场上是美军的重要伙伴。但在高阳之战中，却被中国人民志愿军第 50 军 149 师全歼。

英国皇家重型坦克营入朝参战

1950 年 6 月 25 日，朝鲜内战爆发。朝鲜人民军在金日成首相指挥下，势如破竹，以排山倒海之势，突破三八线，占领汉城（今首尔），并一直打到朝鲜东南一隅大田和洛东江一线。8 月 13 日，参加以美国为首的"联合国军"的英军 29 旅在釜山港登陆，立即开赴前线。美军正与朝鲜人民军在大田市区展开巷战，英国重型坦克营正好派上用场。面对朝鲜人民军凶猛射击，坦克营横冲直撞；而朝鲜人民军面对隆隆开来的"钢铁怪物"，刀枪不入，子弹打上即刻被弹飞，相反，坦克上的主炮和 2 挺机枪，倒是不断射出火舌，给朝鲜人民军造成极大威胁。

美第 8 集团军司令沃克中将和参谋长艾伦少将亲自到英国皇家坦克营接见全体官兵，对英军的支援和配合表示感谢。莱安营长受宠若惊，当场表示，要尽全力完成沃克将军交给的任务，为英国女王脸上增光。急功近利的英军 29 旅旅长和重型坦克营营长踌躇满志，妄想提前立功，给英国脸上再添光彩。

志愿军认真做好打坦克准备

1950 年 10 月 19 日，中国人民志愿军秘密跨过鸭绿江，埋伏在朝鲜深山密林之中。10 月 25 日，第 40 军将向北进犯的南朝鲜军第 6 师突然包围，大部分被歼灭。准备北进攻击新义州的美英军队迅速撤退，英军前锋变后卫，重型坦克营殿后，保障了美军顺利南逃。

12 月 31 日，中国人民志愿军发起第三次战役，全面突破美、南朝鲜军队在三八线上设置的防线。第 39 军、第 50 军和朝鲜人民军一军团目标直取汉城。美军如同惊弓之鸟，全部溜走，留下英军垫背，气得英国人大骂"美国兵无能，全是怕死鬼"。英军 29 旅在坦克掩护下，也开始南撤。

1951 年 1 月 2 日，中国人民志愿军第 50 军在汉城北高阳，把掩护撤退的英国皇家重型坦克营截住了。军长曾泽生命令 149 师师长金振中，坚决消灭坦克营。于是，师里紧急召开作战会议，命令 445 团向木岩里攻击前进，进入战斗；446 团向越川、高阳方向攻击前进，防止敌夺路逃跑；447 团向大慈山方向攻击前进；450 团作预备队，同师部一起跟进。凡是能通往汉城的道路均被我军占领，各团营纷纷抢占制高点，断敌退路。晚上 7 点多钟，先头侦察部队发现，东北方向一条乡村小公路上，远方有马达声。446 团团长命 2 营营长杨树荣做好炸坦克、消灭敌人的准备。营长高兴极了，但他又觉得打坦克还是第一次，没有反坦克武器，单凭炸药包、爆破筒、手榴弹，心中没把握。而连队战士又多数参军不久，不但没有打过坦克，连坦克是什么样都没见过。所幸，在入朝参战准备阶段练习打过坦克，但也只是做了炸药包、集束手榴弹演习的准备。但杨营长坚信，我们的战士有高度的爱国情怀、激昂的战斗热情，一定会打好这一仗。随后，杨树荣和教导员马上召开排以上干部会议，传达敌情和战斗任务，进行政治动员，做好战斗准备。

战士们一听说要打英国坦克，热情高涨。大家都知道，英国早在1840 年就用坚船利炮打开中国大门，用鸦片毒害中国人民，纷纷表示坚决消灭英国鬼子，打好这一仗，为国争光。随即各连排在一起研究坦克的特点及弱点。他们认为，坦克有一定震撼力、突击力，但它死角大，容易接近，侧面有环，便于攀登，上了坦克先砸望远镜，捣毁天线和机枪，它就变得又聋又瞎了。如果把爆破筒插到履带里，它就会马上瘫痪。战士们这么一研究，心里有底了，增强了打坦克的信心！

围歼英国皇家重型坦克营

正当战士们议论怎样打坦克时，营长杨树荣站在山冈上用望远镜一看，通往汉城北一个小村落，这里有一条乡村公路，东侧有 2 米高，西侧下去就是稻田地，那儿出现了敌人坦克。各连队战士飞快卧倒在公路两侧，轻重机枪子弹上膛，准备射击。忽然，从山谷北面射出两道白光。坦克轰鸣的马达声震动着寂静的山谷，由远而近，隆隆作响，大地好像在颤动。当第一辆坦克进入 6 连伏击圈时，高地上轻重机枪齐射，瞬间灯光全灭。搭乘在坦克上面的英国士兵，纷纷跳下，四处逃散。当时一片漆黑，坦克里喷出火舌，敌人开始盲目射击，山谷到处是泥土，烟雾四溅。

我军一个战士弓着腰，拿着 2 颗捆在一起的爆破筒，跑到公路上，迅速登上了坦克，爆破筒插到坦克上，战士飞身跳下，只听爆破筒咔咔响了两声，坦克还继续往前走。接着又一名战士，夹着炸药包飞快跑到公路中间，把炸药包放好，拉着导火索，而坦克隆隆过去之后，炸药包才响了，原来导火索留长了，这辆坦克又跑了。见此情景，战士们都看在眼里，急在心里。

　　公路上的坦克一辆接着一辆开过来了。又一名战士弓腰蹲在公路旁一个小土坑里，坦克过来时他不顾敌人机枪扫射，快步登上公路，把炸药包放在公路中间，当坦克快要接近他时，拉着了导火索，随即迅速翻身滚下公路，一道炫目的火光，轰然一声巨响，坦克再也不能动弹了。这位勇士被震晕过去，口吐两口鲜血，他就是爆破英雄李光禄同志。自从这辆坦克被炸坏之后，挡住敌人坦克前进道路，后面坦克向南逃的通路被堵住。这些坦克陆续开下了公路，开往一片稻田地里，没有道路，没有目标，时而前进，时而后退，四面八方都是志愿军勇士，地上的照明弹、各色信号、机枪打在坦克上飞溅的火花，交织在一起，电光弹似流星飞舞。这时敌人飞机前来增援，它在上空挂起一串照明弹，时而低飞时而高飞，怕误伤自己人不敢投弹射击，战场上枪炮齐鸣，景象十分壮观而又阴森恐怖。而我军战士勇猛杀敌，高喊："不要让一个英国鬼子跑了！"

　　这时，敌人有的从坦克里钻出来举手投降，有的吓得蹲在坦克底

被志愿军第 50 军炸毁的英国皇家重坦克营的坦克。（馆藏照片）

下，有的顽抗，盲目射击。战士们眼看着一辆辆坦克被炸毁，也尝到了炸坦克的甜头。营、连干部也和战士们一起炸坦克，5 连连长闫世堂、指导员赵谦，一边炸坦克一边向敌人喊话，战士们一个劲儿大喊。在爆炸声中，一些敌人从坦克里钻出来，举手投降，吓得哆哆嗦嗦，面如土色。

战场前方突然又来了一辆坦克，气壮如牛，轰隆隆地开到稻田地里，冲着我军战士呼呼喷出一股股火舌，当场几个战士被烧成"火人"，瞬间壮烈牺牲。原来是敌人在坦克里使用火焰喷射器。战士一看红了眼，几名勇士攀上坦克，砸开坦克顶盖，顺手扔进几颗手榴弹，轰然一声巨响，报销了这辆坦克。

这时 445 团也赶到战场。1 营 3 连班长王长贵，率领全班 7 名战士连续炸毁 2 辆坦克，刚刚冲到第三辆坦克敌人便举手投降，王长贵刚刚登上敌人第四辆坦克，坦克里一名英国军官开枪射击，英雄王长贵同志中弹牺牲。他是第 50 军参加祖国西南战役的大功臣，是 1950 年参加全国战斗英雄代表会议的代表。他牺牲后战友们悲痛不已，全军失去一位英雄。

战士们深信刘伯承元帅"狭路相逢勇者胜"那句名言，越战越勇，个个都与敌人展开肉搏，全然不顾自己安危，奋勇争先。干部指挥靠前，战友们主动配合，战斗一直打到晚上 10 点多钟，敌人坦克一个个着火的着火，翻倒的翻倒，冒烟的冒烟，俘虏被一伙伙押到一旁。正在这时，两个战士突然跑过来向营长杨树荣报告说，拐角那里有个大型坦克，上面有天线，还听到里面有发报声。营长和教导员马上命令 6 连 3 排坚决打掉这辆坦克。机枪步枪一起开火，子弹打在坦克上，弹出火花到处飞舞。这辆坦克一看慌了神，加速转向稻田地里，惊慌之中一不留神，前面炮管插进稻草堆里，我军战士用半生不熟的英语喊话，敌人吓坏了，打开坦克车顶盖，举手投降。

战斗一直持续到晚上 11 点多，枪炮声渐渐稀疏，各营、连开始打扫战场，清查战果。这一仗打毁敌坦克 31 辆，装甲车 4 辆，汽车 18 辆，榴弹炮 2 门，毙敌 301 人，俘敌营长以下 227 人，全歼英国皇家重型坦克营。被俘虏的英国官兵心神安定，都说："我们让美国人骗了。他们打仗怕死，不敢往前冲，让我们当替死鬼。"莱安营长开始不愿讲话，我们英文翻译向他宣传我军俘虏政策，情绪稳定后说："我们的坦克是新装备部队的，威力强大，速度也快，装甲也厚，没想到被中国军队打垮了，对贵军战斗力十分佩服。"然而，这一仗我们也有一些伤亡。446 团 2 营营长赵吉贤，5 连排长陈春贵，特等功臣班长王长贵等同志都壮烈牺牲，献出年轻而宝贵的生命，我们永远也不应该忘记他们。

149 师全歼英国皇家重型坦克营消息传到志愿军总部，几位首长非常高兴。彭德怀、邓华、洪学智、韩先楚联名发报至各军并上报中央军委："我 50 军 149 师 446 团，在此次新年攻势中，由于全体指战员迅速积极主动，在高阳地区抓住英国重型坦克营及美军 25 师，给予严重打击，打死打伤 500 余人，俘虏英军少校营长以下 227 人，炸毁坦克 31 辆。此种积极勇敢战斗作风，值得全军学习，特此通令表扬。"

作者：宋丽萍，抗美援朝纪念馆社会教育部部长、副研究馆员；刘东，抗美援朝纪念馆陈列部部长

中国人民志愿军一次不战而胜的重要战役

——抗美援朝战争中反登陆作战准备

1950 年 12 月，我在重庆酉阳县参军，分配到 16 军 32 师任炮兵侦察兵。1952 年冬入朝，部队的主要任务是为反美军从东海岸和西海岸登陆做准备。从 1952 年 12 月开始，到 1953 年 4 月反登陆战准备结束。我是这次战役亲历者和参与者。现将自己了解的情况记叙如下。

克拉克立功心切，策划发动一场大战

1952 年 5 月，克拉克接替李奇微被任命为以美国为首的"联合国军"第三任总司令。他立功心切，急欲打几个胜仗，使战线向朝鲜北部推移。为此，他制定了"八项措施"：1. 轰炸水电站；2. 轰炸平壤；3. 轰炸主要补给线；4. 轰炸包括部队集结地域、仓库、车辆在内的无数小的军事目标；5. 释放归顺了的战俘；6. 中断停战谈判；7. 扩编李承晚军队；8. 视情况是否利用蒋介石的军队。他自认为这是"挑战性的行动"，妄图以此迫使中朝军队屈服，达到"光荣的停战"目的，为自己创造辉煌的业绩。

克拉克为了迫使志愿军转入守势，扭转自己所处的被动局面，谋求在谈判中的有利地位，他认为，眼下中朝地面部队有 113 万，且沿三八线构筑成坚固地下工事，要突破并非易事。如果利用美军的海空优势，从志愿军侧后东西海岸登陆，切断三八线部队的退路，使志愿

军腹背受敌。

1952 年底，他开始策划登陆准备：积极部署兵力，调动海军、空军，扩编李承晚的部队，收集东西海岸情报，多次进行两栖登陆作战演习。他认为美军有以下有利条件：

其一，朝鲜半岛海岸线长，适合登陆。朝鲜半岛北部和大陆相连的东西直线距离 360 公里，从北部大陆到三八线，西边海岸线约 460 公里；东边海岸线约 650 公里；东西最窄的直线距离约 170 公里。所以，可以登陆的突破口多，战线长，志愿军除了正面防守的 250 公里外，东西海岸还有 880 公里可以供美军登陆选择。

其二，1950 年 9 月，美军从仁川登陆包围了人民军在三八线以南的部队，切断了他们的退路，人民军遭到重创，而美军取得了登陆的胜利。同时取得了在朝鲜登陆的经验，掌握了地形和水文等资料。

其三，艾森豪威尔是军事专家，二战英雄。在二战中曾指挥盟军百万在北非登陆，又登陆西西里，挫败凯塞林，然后登陆诺曼底，攻入德国腹地，收复西欧各国。艾森豪威尔新任美国总统，正好大显身手，再打一次东西海岸登陆战。

其四，美国海军、空军占优势，又有空降部队。中国当时无海军，战斗机虽有二千余架，但"腿短"，而且还不能全部投入朝鲜战场，还要保卫中国自己的领空。所以，克拉克对自己的精心策划充满了自信。

志愿军未雨绸缪，认真准备严阵以待

志愿军司令部获得以上情报后，立即向中央军委作了报告。中共中央、中央军委高度重视，及时作出重要决策和战略部署。12 月 17 日至 21 日，邓华代司令员和杨得志副司令员主持，连续召开志愿军党委会和军以上干部会议，传达中共中央、中央军委和毛泽东主席的

志愿军在海防阵地上构筑工事。（馆藏照片）

指示，部署反登陆作战准备。

邓华在报告中指出：美军计划从我军侧后登陆，企图把我军打回鸭绿江西岸。如果我们没有掌握美军登陆的情报，或疏忽大意，或没有做好准备，或兵力配备不足等，让美军登陆，在平壤至元山一线（北纬39度线附近）构成一道防线，掐住咽喉，包围志愿军，隔断中国大陆和三八线部队的一切联系，后果不堪设想。邓华强调，志愿军如能坚守东西海岸，使美军的登陆计划失败，并以正面战线的战术出击作配合，给美军更多更大的杀伤，那么朝鲜战局就能更加稳定，向着更加有利于中朝的方向发展。会议对反登陆作战准备进行了认真研究和具体部署。

一、充实调整东西海岸指挥机构。西海岸指挥部由志愿军代司令员兼代政治委员邓华兼任司令员和政治委员，梁兴初、方虎山（人民军）、吴信泉为副司令员；东海岸指挥部由志愿军第三兵团司令部兼任、由兵团副司令员王近山兼任代司令员，人民军金雄任副司令员。

二、增加在朝兵力。命令1军、16军、21军、54军、已改编的33师，坦克第1师，地面炮兵6个团4个营先后入朝。空军14个师，海军一个鱼雷快艇大队、一个海巡大队、两个海岸炮连，执行备战。另外9万名新兵补入一线部队，达到满员。4月底中国军队入朝参战部队已达到20个军及各兵种共计135万人，是入朝以来最高数字；另有人民军45万人。

三、重新部署兵力。将经过战斗锻炼的15军、12军、38军、40军从第一线调至东西海岸，将47军调至谷山地区为预备队。以新入朝的23军、24军、46军和1军接替上述各军原担任的正面防御任务。其部署分为西海岸、东海岸、正面（三八线）三部分防御阵地。

1. 西海岸6个军（38军、50军、54军、39军、16军、40军）19个师，地面炮兵14个团另9个营，高射炮兵两个团13个营，坦克6个团；人民军1个军团另1个旅。战线从南边的大同江口沿西海岸北上到古军营。

第一线部署人民军1个军团和志愿军2个军。人民军4兵团另1个旅在南段，防守镇南浦至汉川江。志愿军的防御分为3段：38军并指挥137师和138师2个团防守汉江至清川江；50军并指挥137师1个团防守清川江至古军营；54军的130师负责铁山半岛至中国境内大孤山。

第二线部署4个军（欠一个师）。39军驻守平壤以西、顺川、成川、殷山地区；16军驻守安州、价川、球场地区；40军（欠120师）位于纳清亭、博川地区；54军（欠130师）位于中国境内安东、本溪。

2. 东海岸两个军（15军、12军）7个师，炮兵2个团另3个营，高射炮兵5个营，坦克1个团。人民军两个军团另两个旅。

第一线：人民军 5 军团部署在咸兴及以南地区；人民军 2 军团部署在元山地区；15 军 44 师部署在慈山里至南大川口地段。

第二线：志愿军第 12 军及其指挥的第 33 师部署于元山西北文山、梨洞、榆峰山、箭滩、高原、永兴、长者里、上面洞等地区；第 15 军部署于元山以南长林洞、龙岘里、大寺峰、新高山、安边、松岘里等地区。

在东海岸担任修工事的和在朝鲜北部担任筑路任务的 21 军 61 师、63 师和在中国东北通化的 62 师都有支援东海岸作战的任务。摩托化独立团置于北仓里，作为反空降机动部队。

3. 正面 10 个军（1 军、23 军、24 军、46 军、60 军、63 军、64 军、65 军、67 军、68 军）33 个师，炮兵 14 个团另 18 个营，高射炮兵 24 个营，坦克 4 个团。人民军 3 个军团另两个旅，坦克兵两个团。

志愿军炮兵严阵以待。(馆藏照片)

预备队有志愿军步兵 1 个军，炮兵 4 个团另两个营。战线的划分以北汉江以东的文登里为界，以西为志愿军防守（礼成江口至北汉江以东的文登里），以东为人民军防守（文登里以东至东海岸）。

一梯队是 19 兵团指挥的 65 军、46 军、1 军，9 兵团指挥的 23 军、24 军，20 兵团指挥的 60 军、67 军；人民军是 3 军团、7 军团。

二梯队是 63 军、64 军、68 军，人民军 1 军团及人民军 2 个旅。

四、构筑坚固工事。东西海岸的部队大规模挖坑道、构筑水泥防御工事，并设置了两道防御地带，纵深达 10 公里。在敌便于空降和坦克行动的纵深地域，还构筑了反空降和反坦克的阵地。正面阵地进行加固。当时气温在零下 20 至 30 摄氏度，冻土近一公尺厚。战士们热情高，干劲大，不畏严寒。构筑工事动用人工 6000 万个，挖坑道 8090 多条，总长 720 余公里；挖堑壕、交通壕 3100 多公里；构筑了 605 个水泥工事及大量的火器掩体。在东西海岸和正面绵亘 1130 公里的弧形防线上，已形成了以坑道和钢筋水泥工事为骨干的防御体系。

五、加强运输保证后勤供应。

1. 抽调了铁道兵 6 个师（5 师、6 师、7 师、9 师、10 师、11 师）及 5000 名铁路员工入朝，会同朝鲜铁道兵第 3 旅，修建了从龟城至德川间的横向铁路和价川至殷山间的京义铁路纵向辅助线，沟通京义线、满浦线、平元线三大铁路干线的联系，新建便桥 35 座。

2. 抽调工兵第 12 团入朝，同 21 军的 63 师及工兵 5 团修建公路新线，新修公路 8 条，对原有公路进行整修。新修、整修的公路共 560 公里，架设桥梁 47 座。

3. 抽调了 4 个汽车团、3 个陆军医院和 14 个医疗队入朝。

4. 保障后方供应：后勤第 1、第 2、第 3 分部负责正面阵地供应；第 4 分部负责东海岸供应；第 5 分部负责西海岸供应。到 1953 年 2

工程兵战士把混凝土拌和机拉上工地，构筑永久性工事。（馆藏照片）

月底，弹药总囤积量达 12.38 万多吨，平均每个军囤积 3100 多吨，每个炮兵师囤积 1000 多吨；粮食总囤积量 24.8 万多吨，可供全军食用 8 个月。到 1953 年 4 月底，志愿军反登陆作战准备全面顺利完成。

美国自己认输，我军不战而胜

志愿军这次反登陆作战准备，引起美国当局的高度重视。美国国家情报局预测说："目前布置在朝鲜的部队大约有 19 个中国军和 5 个朝鲜军团，这些部队中的每个步兵师均配备有炮兵、火箭炮兵和坦克部队。其中大约有 30 万人被部署在可能发生登陆作战的海岸地区，可以立即投入海岸地区的作战。自 1951 年以来，共产党已极大地加强了他们的海岸线与前线防御，建立了一个组织严密、设施完备、纵深可能达 20 英里的防御体系。沿目前战线至东西海岸，一个大纵深的坚固防御体系已经形成。在上述地区中，后勤储备状态已得到了极大改善。"

美国中央情报局认为，一旦"联合国军"按计划在朝鲜发起进攻，"共产党马上作出反应必定是进行拼命抵抗"。美国参谋长联席会议同意这种看法。如果硬要进行军事冒险，美国军方认为，即使立即开始准备最少也需要一年时间。美国国家安全委员会计划署起草的分析报告认为，如果打起来，至少需要做打两年即打到 1955 年的准备。作战费用估计需要追加 70 亿至 77 亿美元。如果发生这种情况，那么，艾森豪威尔尽快结束朝鲜战争和降低财政赤字这两项在竞选总统时许下的主要诺言就无法实现。

在这种情况下，美国艾森豪威尔政府不得不知难而退，其大规模军事冒险计划只好胎死腹中，转而寻求被其单方面中断的停战谈判。

志愿军这次反登陆作战准备，规模之大，时间之长，准备之充分，远超过任何一次战役，其重要意义也不亚于任何一次战役。反登陆作战准备，不仅仅是为了解决燃眉之急的一次直接战役准备，更重要的是为了从根本上掌握整个战场主动的重大战略措施，是抗美援朝战争战略指导不可缺少的重要环节和英明一招，为抗美援朝战争的最后胜利铺平了道路，是抗美援朝战争史中不可缺少的重要组成部分。

作者：万学仁，原志愿军第 16 军志愿军老战士，四川内江师范学院教授

中国人民志愿军打赢一场
艰苦的"后方战争"

在抗美援朝战争中，后勤工作是抗美援朝战争胜利的重要保证。中央军委对后勤工作十分重视，在毛泽东主席和周恩来副主席的重视和直接指挥下，后勤部队克服了难以想象的各种困难，终于打赢了一场艰苦的"后方战争"，为抗美援朝战争胜利作出了重大贡献。

适应战争形势发展需要　成立志愿军后方勤务司令部

毛泽东主席在 1950 年 10 月 8 日组成中国人民志愿军的命令中明确规定：后勤工作由东北军区负责。根据这一命令，东北军区抽调后勤部副部长张明远和东北人民政府林业部部长杜者蘅组成东北军区后勤部前方指挥所，全面负责作战地区的后勤供应。志愿军入朝半年来，随着战争的发展变化，逐渐证明这种领导体制与现代化战争的要求很不适应。

在第三次战役期间，由于敌机的轰炸，东北军区后勤部前运的大批物资被积压在鸭绿江边和铁路沿线，不能及时地运到朝鲜前线。第四次战役中，志愿军由入朝时的 4 个军 25.5 万人，增加到 16 个军以及炮兵师、高炮师、坦克团、工兵团等，总兵力达到 95 万人；而且战线从入朝时的 50 公里，向前延伸到 500 多公里。这样百万大军的后勤供应，仅靠东北军区后勤部显然是难以完成的。所以，彭德怀与洪学智都认为，应该有一个强有力的后勤指挥机构，统筹后勤供应工作。洪学智说："当时，我们已经明显地看出来，敌人不仅要在前方与我们进行战争，而且要在后方同我们进行战争。为了打赢这场后方战争，成立后方勤务司令部显得越来越必要。"

为此，1951 年 4 月下旬，彭德怀派洪学智回国，向中央军委副主席周恩来汇报后勤工作。周恩来问："后勤供应的主要问题是什么？"洪学智说："主要问题是供应不及时。前三次战役，部队是在挨饿受冻的情况下打败敌人的，如果供应得好，胜利会更大。现在战士有三怕：一怕没饭吃，二怕无子弹，三怕受伤后抬不下来。"接着，洪学智向周恩来讲述了一个具体战例："4 月 8 日，敌机向我三登里库区投掷大量燃烧弹，一次就烧毁了 84 节火车皮物资，其中有生熟食品 287 万斤，豆油 33 万斤，衣服 40.8 万套，胶鞋 19 万双，还有其他大量物资。后方供应的物资只能有百分之六七十运到前线，百分之三四十在途中被炸毁。"周恩来说："抗美援朝战争，对我军后勤供应提出了许多新的问题。外国军事专家说，后勤是现代化战争的瓶颈。你们要好好研究一下现代战争后勤工作的特点。"

洪学智借此话题说："彭老总还让我向您汇报一个重要问题：应该成立志愿军后勤司令部。"周恩来让他谈谈具体想法。洪学智说："从朝鲜战争中，彭老总和我们都逐渐认识到现代化战争中后勤的重要作用。现代化战争是立主体战争，在空中、地面、海上和前方、后方同时进行，或交叉进行，战场范围广，情况变化快，人力物资消耗大。现在欧美国家都实行大后勤战略，50 公里以前是前方司令部的事，50 公里后就是后方司令部的事。战争不仅在前方打，而且也在后方打。现在美军对我后方实施全面控制轰炸，就是在我们后方打的一场战争。这场战争的规模，不仅决定了我们在前方进行战争的规模，而且也决定了前方战争的成败，我们只有打赢了这场后方的战争，才能更好地保证我们前方战争的胜利。后勤要适应这一特点，就需要成立后方战争的领导机关——后方勤务司令部，统一指挥后方战争的诸兵种联合作战，在战争中进行保障，在保障中进行战争。"

周恩来觉得洪学智这一阐述很深刻，很有道理。他说："军委一定要尽快研究，尽快采取措施。"周恩来副主席对洪学智汇报的问题十分重视。不久，就派总后勤部部长杨立三、空军司令员刘亚楼、炮兵司令员陈锡联到前线实地考察，具体了解后勤的困难，研究如何加强和支持后勤工作。彭德怀对他们说："现在最困难、最重要的问题就是后勤供应问题，就是粮食供应不上，弹药供应不上。要解决这个问题，就要加强后勤建设。而当务之急，就是要组建成立志愿军后方勤务司令部，不解决这个问题，其他问题都不好解决。"他们回国后，立即向毛泽东、周恩来及中央军委领导作了汇报。中央军委很快作出决定："在安东与志愿军司令部驻地之间，组建志愿军司令部的后方司令部。"

5月19日，中央军委作出《加强志愿军后方勤务工作的决定》，成立志愿军后方勤务司令部，负责管理朝鲜境内的一切后勤组织与设施，包括铁路、军事运输在内；志愿军后方勤务司令部，直接受志愿军司令部首长领导；过去配属志愿军后方勤务各部队，如工兵、炮兵、公安、通讯、运输、铁道兵各部队、工程部队和医院等，其建制序列及党、政、军工作领导、指挥与供应关系等，今后统归后方勤务司令部负责；中央军委的决定，阐明了后勤在现代化战争中的地位和作用，扩大了后勤工作的职权和范围，标志着后勤由单一兵种向诸兵种合成的重大转变，是志愿军后勤历史一个重要的指导性文件，对取得抗美援朝战争的胜利具有重要的历史意义。中央军委决定：由洪学智副司令员兼任后方勤务司令部司令员，周纯全担任政治委员。

志愿军后勤司令部是朝鲜战场上最高的后勤指挥机关，负有保障志愿军作战需要的全部责任。但刚组建的志愿军后勤部，只有张明远原来带来的十几个人和洪学智选来的4个人，总共不到20个人。洪学智把双方人员合起来编成四个处：参谋处、机要处、通讯处、行政处，便开始了紧张而繁重的工作。

根据中央军委加强后勤工作的《决定》，志愿军后方勤务司令部的主要任务是：负责作战物资的接收、保管、分配、运输；修护道路、桥梁；保证通讯联络；组织警备、防空；护送伤病员，收留失散人员；维护后方秩序等。洪学智深知这项任务的艰巨而复杂，需要做大量的组织、协调、统筹工作，处理好国内与朝鲜、中朝双方、前方与后方以及各部队之间的关系，从而形成合力，便于统一指挥。为此，他连续深入到军、师、团后勤机关，前沿部队作了大量的调查研究，提出了一份关于"分区供应"和"建制供应"相结合的供应体制方案，彭德怀认为这种改变很好，命令立即执行。

千条万条运输第一条　集中解决运输"瓶颈"难题

1951年1月，中央军委在沈阳召开志愿军第一届后勤工作会议，周恩来专程参加会议，对后勤工作作出了全面部署，并提出"千条万条，运输第一条"的口号。运输，成为志愿军后勤保障工作的核心和关键。而这时，恰恰是运输跟不上战争发展形势的需要，成为很长时期没能得到有效解决的一个"瓶颈"，在一定程度上影响甚至制约了战争的进程和胜利。

洪学智把切实解决这一运输"瓶颈"当成一项重要而紧迫的任务。当时，朝鲜战场的运输，主要靠火车运输、汽车运输和人畜运输。其中，汽车运输是铁道运输和人畜运输承前启后的中心环节。所以，洪学智便集中精力解决汽车运输问题。汽车运输的主要困难是道路条件太差。朝鲜地理状况复杂，山多河多，道路狭窄，弯多坡陡，桥梁又多；更重要的是，美军为了切断志愿军的后方运输线，不间断地对公路、桥梁进行狂轰滥炸，整个朝鲜北部的公路已经是千疮百孔，给汽车运输带来极大困难。

　　为了破解这一难题，洪学智提出了一个加强和加固朝鲜北部公路的具体方案，得到彭德怀的重视和支持。1951年9月，在志愿军党委扩大会议上，彭德怀指示：全军动手，修几条标准公路，以保证顺畅的供应运输。从9月起，志愿军二线部队和中朝民工，掀起了整修公路的热潮。在东线加修了5条纵横公路干线，使东、中、西的后勤各分部连为一体；在战场后方，普遍加修和新修了公路横贯路、预备路、迂回路，并将部分公路拓宽，修成高等级干线公路。在朝鲜北部形成了前后贯通、左右衔接的公路运输网，大大改善了汽车运输条件。

军需物资运到火车终点站后，由汽车接运。（馆藏照片）

公路运输状况得到明显改善，但汽车运力严重不足。到 1951 年，后勤部所属的汽车团由原来的 3 个团、760 多辆汽车，增加到 11 个团、2800 多辆，但仍远远落后于战争的需要。此间，国内又补充后勤汽车 2997 辆，使汽车运输能力得到一定的加强。但按正常情况，需要汽车 7500 多辆，如果按 20% 损失率，则需要汽车 9400 多辆。而此时，志愿军全军只有 3700 多辆，而且，这些现有车辆，后勤有运力的 40%，却担负着 70% 的运输任务；各军、师的运输能力占 60%，却担负 30% 的运输任务。这不仅造成运力不均衡，而且浪费了大量运力。

针对这种情况，后勤司令部采取了"统一调动全军运输力量，集中调配使用车辆"的措施，逐渐理顺后勤与部队之间的车辆调配与指挥，充分发挥所有车辆的运输能量，有效地缓解运力不足的问题。经过几个月的艰苦努力，形成了由志愿军后勤司令部统一管理指挥全军运输力量的格局。但是，在当时的形势下，要想大量增加汽车暂时还有困难。所以，要用提高运输效率来弥补汽车数量的不足。洪学智把精力用在挖掘车辆运输的潜能上，最大限度地发挥现有车辆的运输功能。他从运输实践中，不断总结并逐步建立起一系列的规章制度，包括"分段接力抢运制""吨公里计算制""车辆运输责任制""倒短运输制"等，强化运输管理，调动各方面的积极性，使运输效率得到明显提高。

在解决公路运输问题的过程中，并非一帆风顺平安无恙，而是在美军持续不断地狂轰滥炸、严密空中封锁的恶劣环境里进行的。公路是炸了修，修了炸，再炸再修，始终保持公路畅通。但运输汽车遭敌机轰炸十分严重，而且白天不能行驶，只能夜间闭灯行车，由于路况复杂，司机技术不过硬，行车事故经常发生，造成严重损失。

为了解决这一难题，从国内调来公安部队第 18 师，动用了 9 个团 2 万多兵力，在大小 30 多条、2800 余公里的公路线上，设置了

祖国人民支援的各种副食品，源源不断地送到了前线。（馆藏照片）

1560 多个"防空哨"，每隔二三公里就有一个，发现敌机来犯，就鸣枪报警，来往车辆迅速隐蔽；敌机走后，再鸣枪解除警报，汽车可以亮灯行驶。"防空哨"除了警戒之外，还承担维护交通秩序、指挥运输车辆；协同工程兵补修被毁公路，排除定时炸弹、四角钉、蝴蝶弹，抢救人员、车辆、物资等。"防空哨"与设置在公路线上的重点地段、重要目标的高射炮部队、工兵部队、警卫部队，形成一道屏护汽车运输的防空网，使运输安全得到有效保证。"防空哨"是朝鲜战场上在反空袭斗争中的一大创造。

在反美军"绞杀战"的艰苦条件下 建成打不断炸不烂的钢铁运输线

1951 年 7 月中旬，彭德怀获悉美军发动"空中封锁战役"即"绞杀战"的情报，立即命令洪学智赶到桧仓志愿军司令部，一起研究对策。他对洪学智说："现在敌人要把战争转到我们后方了，这是一场破坏与反破坏、绞杀与反绞杀的残酷斗争。前方是我的，后方是你的。你一定要打赢这场战争。"洪学智很清楚，这是彭德怀向他下达的战斗命令，他深感自己肩上担子的沉重！

1951 年 7 月，朝鲜遭遇了 40 年来最严重的水灾，普降暴雨，山洪暴发，河水泛滥，志愿军的主要物资集散地三登附近变成一片汪洋，仓库、医院、高炮阵地全被冲毁，大量库存物资及待避汽车全被冲走，公路、铁路及 205 座桥梁全被冲垮，交通运输几乎处于瘫痪状态，给后方供应造成巨大损失，带来严重困难。

就在这样一种情况下，美军趁机发动了一场大规模的"绞杀战"。7 月 13 日，"联合国军"总司令李奇微向美国远东空军司令威兰下达命令："在谈判期间，应采取行动，充分发挥空中威力的全部能量，对共军的后方运输线实施毁灭性的空中攻击，中断共军的后方运输，使前方的共军在缺粮少弹的情况下窒息而死！"

作为后勤司令员的洪学智面临着一场残酷的战斗，这场战斗的严重性、艰巨性、复杂性，不亚于一次重大战役。他在返回成川香枫山志愿军后勤部的途中，经过反复思考，逐渐形成了一个应对方案：必须集中志愿军后方的铁道部队、工程部队、运输部队、公安部队、高射炮兵、航空兵和兵站、仓库、医院等全部力量，统一指挥，联合作战，与敌人展开一场针锋相对的、规模宏大的反"空中封锁"战役，确保对前线的物资供应。

"绞杀战"开始，美空军以轰炸铁路和公路为主要目标，采取分段炸毁路基、车站和桥梁，企图破坏铁路和公路运输。洪学智则命令铁道兵和工程兵，坚决随炸随修、昼炸夜修、再炸再修，经过志愿军官兵的顽强拼搏，连续作战，从而保证了铁路、公路的正常运输。

美军发现此招未能奏效,便调动大批空军,集中轰炸、封锁铁路运输"枢纽"——"三角地带"。这是朝鲜满浦线和京义线两大铁路干线的交会点,又与东西走向的平元线相连接,形成"三角地带",成为志愿军运输线上的"咽喉"。一旦这里被摧毁,志愿军的整个后方供应体系将陷于瘫痪。

美军正是看准了这一点,所以对"三角地带"的轰炸达到疯狂的程度。每天出动 100 多架次飞机,轮番反复、持续不间断地轰炸,迫使志愿军没有任何抢修的空隙。4 个月,投弹达 3.8 万多枚,其中 500 公斤以上的定时炸弹近千枚。尽管铁道兵、工程兵冒着枪林弹雨,在极其艰苦的环境里,日夜反复抢修,但却即修即炸,致使铁路运输每月只能通车 7 天,给后方供应造成巨大障碍。

洪学智面临着如此严重的运输危机,而前方又急需物资供应,他心急如焚,夜不能寐。经过反复思考、研究,他确定了"集中兵力,重点保卫"的方针,采取了一系列应对措施。首先是加强防空力量。根据洪学智的提议,中央军委决定:将东北军区所属的 4 个高炮团、6 个高炮营拨归志愿军后勤部直接领导和统一指挥;9 月下旬,再从修建机场的炮兵 62 师抽调一个高炮团,从各军抽调 11 个独立高炮营,在铁路线上组成 4 个防空区;又从国内紧急调来一个雷达连和 5 个探照灯连,配合高射炮兵作战,成立了"铁道兵高炮指挥部",集中在"三角地带"统一指挥,联合作战,使防空力量大大加强,几天内就击落敌机 9 架,击伤 12 架,有力地打击了敌人的嚣张气焰。

防空力量的加强,为铁道兵抢修铁路创造了有利条件。由洪学智统一指挥,铁道兵、工程兵分工明确,责任清楚,昼夜 24 小时两班轮流抢修,在空军和高炮的掩护下,经过 1 个多月的奋战,终于打通了"三角地带"的封锁,火车可以通行了。美军无可奈何地承认:"对铁路实施'绞杀战'的结果是令人失望的","凡是炸断了的铁路,很少是在 24 小时内未能修复的"。

尽管铁路通车了,但通车时间仍然有限。为了充分利用这有限的通车时间,发挥最大的运输效能,保证更多的列车通过,铁道运输部门采取了密集列车续行的办法,即在通车的夜晚,事先把早已装载妥当的军用列车集结在抢修现场附近的安全区段上,待抢修部队已经修通,军列立即一列紧跟一列向同一方向行驶,各列车之间相隔仅几分钟,首尾相接,鱼贯而行,一列接一列地在夜间通行,使大批军用物资不断地通过"三角地带"运往前线。

与此同时,在火车暂时不能通行的区段,洪学智组织汽车、马车、人力车,实行区段倒运、接运的应急措施。抽调了 6 个汽车团和大批装卸部队,在"三角地带"以北,将火车运过来的大量物资快速卸下火车后,分秒必争地用汽车运走,倒运到指定地点,再装上火车运往前线。

1951 年末,"联合国军"总司令李奇微承认:"空中封锁战役,没有能够阻止住敌人运输其进行阵地预防所需的补给品,也没有能够阻止住敌人将部队运入朝鲜。"但他仍然认为,如果终止空中封锁,志愿军会在短时间内聚集起足够的补给品,从而有能力发动一次持续的、大规模的攻势。因此,他决定:继续实施"绞杀战"。

这次,美军又改变了战术,由固定的地点封锁,改为机动的重点攻击,集中轰炸志愿军集结物资的地点,对志愿军后方兵站、仓库实行连续的、毁灭性的轰炸。位于德阳附近的库区,15 天内被炸 240 余次,几乎被彻底炸毁。

针对美军的新战术,洪学智则采取针锋相对的措施:大规模地修建地下仓库。开掘式的洞库,可储备、存放战时应急的给养、油料、服装等物资;朝鲜有许多开采过的矿洞,经修整后,作为地下仓库使用,楠亭里矿洞主要存放弹药,可容纳 600 个车皮;还充分利用山上的自然洞，经过修整后的金刚洞，主要存放军械物资，可容纳 400 个车皮。在洪学智的统一规划、指挥下，仅两个月，志愿军后勤部就修建了能容纳 1200 多个车皮的仓库洞和能容纳 793 个车皮物资的土洞库，大大改善和保证了对前沿阵地部队的供应能力，达到每个师可有3 个月的粮食供应。

自 1951 年 7 月至 1952 年 6 月，美军集中空军 70% 的力量，实施近 1 年时间的"绞杀战"，使用了各种战术，破坏志愿军的后方运输。但在洪学智领导的后勤司令部的统一指挥下，采取各种有效的应对措施，保证了交通运输始终没有中断，大量的各种军需物资仍能源源不断地运到前线。

1952 年 5 月 31 日，美国第 8 集团军司令范佛里特在汉城的记者招待会上说："联军的空军和海军尽了一切力量，企图阻断共产党的供应，然而共产党仍然以令人难以置信的顽强毅力，把物资运到前线，创造了惊人的奇迹！"美国远东空军在对他们的"绞杀战"所作的最后分析报告中承认："由于共军后勤系统的灵活……绞杀战未获成就。"

为保证上甘岭战役胜利　提供强有力的后勤支援

著名的上甘岭战役，是一场敌我双方"钢铁"与"意志"的较量。敌方投入 6 万、我方投入 4 万共 10 万兵力，在仅有 3.7 平方公里的狭窄地域鏖战 43 天，以敌人伤亡 2.5 万，志愿军付出 1.15 万的代价，取得了这场战役的重大胜利。这场具有重要历史意义的胜利，既有前方将士不怕牺牲、英勇奋战的精神支撑，也有后方勤务全力以赴、密切配合的强势支援。前方后方形成强大合力，是取得这场战役胜利的根本保证。

上甘岭战役是一场名副其实的"打钢铁""打后勤"的战役。在

43 天的激战中，平均每天需要前送各种军需物资 180 多汽车；仅弹药一项就消耗 5500 多吨，其中炮弹消耗 42.5 万多发。在这大量浩繁的物资供应中，洪学智在后勤建立起来的"分区供应和建制供应相结合"的供应体制，得到了充分体现，并显示出强大威力。按照"分区供应"，洪学智指示后勤第二分部，向第 15 军增派 2 个汽车连，专门负责运送构筑工事所需要的各种器材；他还要求第二分部的第 9 兵站和第 14 兵站，全力以赴保障参战主力部队第 15 军的供应。而作为"建制供应"实体的第 15 军，也有 3 个兵站、1 个军械库、2 个汽车队、3 个医疗所；第 15 军的前沿部队 45 师，也有弹药库、粮食库、救护站、担架营、工兵连等。这军、师两级后勤的充足储备，对及时支援作战部队的需要发挥了重要作用。45 师有各种火炮 47 门，为了保证这些大炮在战斗中充分发挥威力，第 15 军后勤部组织力量，突击抢运炮弹 11 万发，有效地保证了前方战斗的需要。

对于有些特殊的急需军用物资供应，则由后勤司令部直接指挥调运。上甘岭战役激战半个月后，10 月 28 日 9 时 30 分，洪学智收到志愿军司令部一份紧急电报，他阅后立即把计划运输科科长赵南起叫到办公室，对他说："上甘岭的阵地争夺战已经达到了白热化的程度。15 军弹药消耗很大，现在部队的手榴弹储备殆尽，请求马上予以补充。志愿军首长指示，30 日拂晓前，必须把 2 万枚手榴弹送到 15 军。现在是 9 时 50 分，还有 40 个小时的时间。你马上拟定运输计划。这是死命令，不管有多大的困难，都要保证完成任务。"

赵南起受领任务后，马上查看了朝鲜境内的手榴弹库存情况，已经告罄。他连忙查看正在中国东北地区待运弹药的情况，发现在安东待运物资中，有 8 万枚手榴弹。但是，从安东到上甘岭，运输距离为 500 多公里，在正常情况下，需要 3 至 5 天的时间，无论如何也难以在 30 日拂晓前满足第 15 军的需要。洪学智听了赵南起的汇报，非常焦急,他说:"摆困难等同于讲困难、找理由,有什么方案快点拿出来。"

赵南起说:"在目前的情况下,只有一个办法,就是搞直达接力运输。先通知安东火车发运地,准备15辆车况最好的汽车,装载3万枚手榴弹,马上起运,限今天下午6时前运到新安州交通指挥站。同时通知后勤第5分部挑选15名经验丰富、技术熟练的司机在新安州待命,安东的汽车一到,换人不换车,继续驾车前运,限今晚10时前赶到阳德交通指挥站。后勤第2分部事先也挑选司机在阳德等候,汽车一到,换人驾驶,在30日6时前必须把手榴弹送到第15军。"

洪学智听罢,略加思索,说:"这个主意不错。不过,从安东到新安州这一段路程,是白天行车,安全有保证吗?"赵南起说:"现在我们的空军已经出动,在清川江以北地区的防空力量比较强。加上我们通常是夜间行车,这次一反常规,白天行车,可能会收到出奇制胜的效果。"

洪学智认真思考后认为,15辆车一起行动,目标较大。他和赵南起商量出一个妥善方案:把15辆车分成3个组,每组5辆,指定干部带队,分散行动,减少目标;同时在每辆车上插一面小红旗作为标记,命令沿线的交通指挥站和所有的车辆,见到插小红旗的汽车,一律放行、让路。

洪学智还是放心不下,他觉得这样做毕竟风险太大,假如这15辆汽车途中遭到轰炸,全部损失了怎么办?赵南起说:"可以有补救措施,通知安东方面,将剩下的5万枚手榴弹全部安排今晚第一批过轨,争取今晚赶到成川的山洞待避,如果需要,明天晚上赶到阳德,由汽车接运,送到15军。"

洪学智把所有应该考虑到的问题都想周到以后,坚定地拍板:"就这样定了。赶快把方案上报志愿军总部,同时向有关部门下达任务。完成任务，皆大欢喜。出了问题，我唯你是问。"

紧急运输手榴弹的任务立即下达给有关部门后，洪学智坐不住了，直接来到计划运输科，坐镇调度指挥。他和赵南起坐在电话机旁，等候各方情况报告。下午1时45分，志愿军后勤部驻安东代表处报告："3万枚手榴弹已经全部装车，于13时40分准时起运。"18时5分，新安州交通指挥站电话报告："15台车已于18时准时到达新安州，全部车辆及物资完好无损。车辆已经加油完毕，5分部的司机已全部登车，头车现在出发。"洪学智和赵南起长长舒了一口气，似乎心中的一块石头落地了。因为闯过白天行驶这一关，敌机轰炸的危险就降低了一半，完成任务的保险系数就大大增加了。深夜11时，阳德交通指挥站电话报告："全部15台汽车已经全部出发。"

30日清晨5时45分，终于从第15军后勤部传来了令人振奋的喜讯："15台汽车已经全部到达，车上物资全部完好，手榴弹正分发部队。军首长指示：感谢'志后'领导的大力支持，为担负这次运输任务的同志们请功，我们将以战斗的胜利来回报后勤战线同志们的支援。"

赵南起立即跑进洪学智的办公室："报告司令员，手榴弹已经全部安全送到了15军，提前15分钟完成运输任务。"

洪学智高兴地站了起来，说："谢天谢地，总算挺过来了。"

正在前线指挥战斗的第15军军长秦基伟兴奋而激动地说："打罢上甘岭，给后勤记头等功！"不谋而合，彭德怀也感慨地说："战争打赢了，一半功劳归后勤。"这是对后方勤务司令部和洪学智功绩的充分肯定和最公正的评价。

作者：陈晨，丹东市抗美援朝精神研究会秘书长，
《抗美援朝精神研究》杂志执行编辑；
宋克东，抗美援朝纪念馆办公室原主任

中国人民志愿军首次陆空协同登陆作战

在抗美援朝战争中，为了配合朝鲜停战谈判，清除"联合国军"在朝鲜西海岸诸岛屿上设立的侦察阵地，由第50军与空军联合发起一次攻岛战斗，由于陆空密切配合，协同作战，取得了重大胜利。

作战背景

1951年10月，"联合国军"发动的秋季攻势，在志愿军的英勇抗击下遭到失败，美国不得不重新回到谈判桌前。为消除美方以沿岸岛屿作为阻挠谈判的借口，清除其在西海岸的情报基地，志愿军总部决定派第50军与志愿军空军协同作战，由第50军副军长蔡正国与志愿军空军司令员刘震组成联合指挥部，共同制定作战计划。

10月15日，志愿军第50军执行志愿军总部下达的作战命令：为配合板门店谈判，坚决肃清三八线以北西朝鲜湾沿岸岛屿的敌特。根据敌我装备、作战能力及沿海岛屿的具体情况，制定了"由近而远、逐岛作战"的方针。

此次作战，志愿军空军部队首次配合地面部队参加战斗，以沈阳于洪机场为基地的装备图-2轰炸机的空军第8师、第10师，以安东浪头机场为基地的装备米格-15战斗机的空军第3师，及装备拉-11战斗机的空军第2师奉命参加此次登陆作战，其中主要任务是保障攻岛部队在集结地域不受美军突袭。空8师和空10师主要任务是摧毁岛上敌人的情报设施和指挥机构，轰炸岛屿附近的美军和南朝鲜军的军舰，为登岛部队开辟前进通道；空2师和空3师对沿海岛屿进行侦察、照相，并为轰炸机部队提供空中掩护。

除登陆部队和空军外，位于铁山半岛的志愿军榴弹炮群也奉命为攻岛部队提供炮火支援，这是抗美援朝战争中志愿军首次，也是中国人民解放军历史上首次陆军、空军协同作战。

周密部署

（一）志愿军首次使用现代侦察技术——空中照相。1951 年 9 月，志愿军空军为详细侦察敌人在岛上的兵力部署和布防情况，首次出动飞机参与战场侦察，使这次作战中志愿军侦察手段实现了历史的跨越。11 月 2 日，志愿军空 2 师、空 3 师出动 4 架拉-11 螺旋桨战斗机、4 架米格-15 喷气式战斗机，分别对预定攻击目标椴岛、大和岛、小和岛进行两次空中侦察照相，查明岛上敌军工事和兵力分布情况，为第 50 军的渡海攻岛作战提供极为重要的情报。

（二）设置前沿观察所——侦察正面敌情动向。为了更多地了解敌情，知己知彼，制定有针对性的作战方案，担任主攻的第 50 军第148 师派出侦察科副科长于孟学带领侦察分队，在位于登岛作战前沿的龙沙浦设立前敌观察所。侦察分队每天观察敌人舰船的活动情况及活动规律，了解敌人在岛上的兵力配备、布防及其海军舰只的数量等情况。东北军区情报处，由处长方正带领侦察人员，乘船前往炭岛，近距离观察敌情，深入岛上捕捉俘虏，通过审问俘虏查明岛上敌人的分布情况，为联合指挥部指挥决策提供可靠的情报。经过多方侦察，志愿军对海岛敌人的兵力部署、地形地貌、作战区域、水文气象条件都做到了了如指掌。

（三）沙盘作业——图上推演。参战各师主攻团根据各方汇集的资料情报一一标注在沙盘上，并组织参谋进行图上作业、兵棋推演。各主攻团团长、营长对攻击部队的队形、登陆地点、登陆后的纵深攻击方向以及各自部队的任务都有了更明确的认识。担任主攻任务的第148师第442团、第443团将任务逐级下分到连队，以便基层指战员熟悉自己部队的攻击任务、出击路线。精细的图上作业使得整个战场形势一目了然，参战部队还在战前展开针对性训练，使部队的战斗力得以迅速提高，为随后的战斗打下了坚实的基础。

（四）渡海作战训练。由于志愿军一直以陆战为主，部队官兵普遍缺乏海战经验，参战部队找来木船练习登陆，为预防出现呕吐准备了口罩和姜糖等。渡海作战志愿军主要使用的是木船，而掌握航海掌舵的专业水手船工不足。第50军特意向祖国大后方求助，请来安东沿海的船工、渔民来驾船，又从工兵第22团、第3团借来100多名舵手为登陆作战作了充分准备。

（五）成立多兵种联合指挥部。此次收复朝鲜西海岸的椵岛、大小和岛等岛屿的登陆作战，是志愿军首次有陆军、空军、炮兵多兵种协同作战，对志愿军在指挥上是一个不小的挑战。为了协调好各军兵种，最大限度发挥联合作战的效果，第50军军长曾泽生决定，将指挥部设在靠近前线的位置，以攻岛主力148师师部为基础，组成有空军、炮兵参加的前敌联合指挥所，统一指挥参战各军、兵种部队作战。

实施作战

（一）首战椵岛。椵岛面积约19平方公里，距志愿军控制的铁山半岛仅2公里，岛上守军为南朝鲜白马部队第一联队。椵岛是志愿军要攻占的沿海岛屿中距大陆最近的一个，第50军遵照志愿军总部制定的"由近而远、逐岛作战"的方针，将攻占椵岛作为攻岛作战的首选目标。

1951年11月5日18时25分，担任主攻的第50军第148师第

443团第1营、第3营分乘17只汽船、49只折叠冲锋舟，分两个梯队从攻击准备位置出发。第一梯队的4个突击连以船为基本作战单位，船队采用三角战斗队形，船与船之间为方便联系保持30米左右的距离，第二梯队同样以三角队形随后跟进。当突击部队到达附近海域时，发出预先规定的信号弹，铁山半岛上的志愿军榴弹炮、山炮阵地开始向椵岛实施猛烈炮火攻击，为登岛部队提供火力支援。22时54分，突击队开始抢滩登陆，部队登岛后按之前的沙盘推演计划，迅速向敌阵地纵深穿插。6日1时50分，3营7连攻占椵岛制高点烟台峰，不久整个椵岛都被志愿军占领，战斗结束，共击毙敌人33人，俘虏42人。

（二）攻占艾岛。艾岛位于清川江以北，距海岸7公里，面积仅2平方公里，但却是"联合国军"海、空军设在西北海岸的重要战

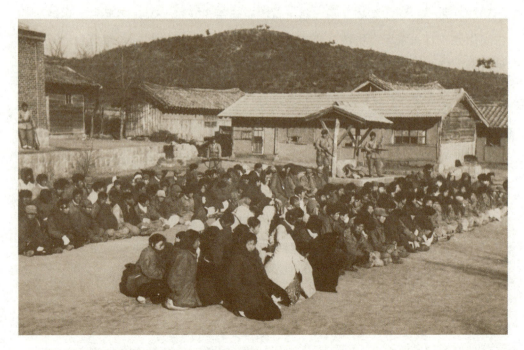

被俘的大批李承晚军队武装特务。（馆藏照片）

略情报据点，岛上盘踞着美军及南朝鲜军特务，专门搜集我军沿海情报。

1951 年 11 月 16 日 23 时 15 分，担负攻岛任务的第 50 军第 150 师第 450 团第 1 营第 1、2 连与第 448 团第 1 营第 1、3 连，从两个方向向艾岛进发。23 时 40 分，船队到达预定海域，担任炮火掩护的第 38 军第 114 师野炮营、第 50 军第 150 师山炮营，猛烈炮击艾岛，随后登岛部队登上艾岛，经过激战，共击毙敌人 85 人、俘虏 185 人，收复了艾岛。

（三）决战大、小和岛。1951 年 11 月 30 日 14 时 20 分，志愿军空军第 8 师 9 架图-2 轰炸机从沈阳于洪起飞，执行轰炸大和岛的任务，空 3 师第 7 团随即派出 24 架米格-15 从浪头机场起飞，执行护航任务。18 时 30 分，担任主攻的第 148 师第 442 团配备 8 门迫击炮、6 门无后坐力炮、3 挺高射机枪、4 门山炮、3 门战防炮，从登串洞港口起航，攻击部队分乘由安东市渔业大队提供的经过改装的 30 只机动帆船以及由渔船改装的 7 艘火力船驶向大小和岛，21 时，船队到达距大小和岛 1500 米的预定海域。

此时，志愿军在铁山半岛、椴岛上的海岸炮兵阵地按预定方案向大小和岛猛烈炮击，经 20 分钟炮火准备，22 时，攻击部队第 442 团第 3 营在大和岛北岸及西岸强行登陆。就在登陆部队在火力掩护下进行抢滩登陆的同时，附近海面也在进行着一场激烈的海战。

志愿军发起登陆后不久，大和岛东南海面突然出现两艘美国军舰，均是排水量在 6000 吨以上，最高航速可达 32 节的大型舰艇。每艘舰上装有 12 门火炮，两个鱼雷发射器，4 挺高射机关炮。而志愿军的火力船仅 300 吨，船身仅仅包了一层铁皮，没有装甲。主炮也只有 75 毫米口径的陆军使用的战防炮，防弹钢板仅 25 毫米，配有穿甲和破甲弹头；船上还有 1 挺高射机枪，其余武器均为步兵所用的轻重

在强大炮火的支援下，勇士们以神速的动作登上大和岛。（馆藏照片）

机关枪和苏式反坦克手雷。

美舰在发现志愿军登陆后，向志愿军登陆点发射照明弹，随即试图以舰炮封锁志愿军登陆区，阻止登陆。担负登陆部队掩护任务的火力船迅速关闭所有灯光，开火掩护吸引美舰的同时，加大马力向美舰靠拢。在美舰进入志愿军火力船射程后，高射机枪打灭了美舰上的探照灯，战防炮发射的穿甲弹接连命中美舰，而美舰发射的炮弹大多打到了志愿军火力船的后面。不久，一艘美舰中弹起火，不得不在另一艘美舰的掩护下逃走。

来自海上的威胁消除后，志愿军登陆部队迅速抢滩登陆，第1营向小和岛发起攻击，至22时50分，攻击部队占领大小和岛所有制高点，胜利攻占大小和岛。当攻击部队按预先计划发射出作战胜利的两颗红色信号弹时，标志着历时近一个月的攻岛作战胜利结束。

1951 年 11 月 27 日，"联合国军"在志愿军的打击下，被迫放弃索要开城的无理要求，同意了朝中方面提出的军事分界线方案，朝鲜停战谈判中一项关键的内容，军事分界线谈判终于达成协议。其中，志愿军攻岛作战的胜利给了朝中方面代表团以极大的支持，使朝中方面在谈判中占据主动，为最后的达成协议起到了关键作用。

从 1951 年 11 月 5 日攻占椴岛，至 11 月 7、8 日攻克大、小加次岛、11 月 16、17 日攻克艾岛、11 月 30 日、12 月 1 日攻占大、小和岛。在不到一个月的时间里，志愿军第 50 军在空军、炮兵的配合下，逐岛攻击，连续作战，先后攻占大小岛屿 12 座，肃清盘踞在岛上的敌特 570 余人，有力地配合了停战谈判。

志愿军第 50 军在空军直接支援下的渡海攻岛作战，是抗美援朝战争中唯一的一次陆空联合作战，开创了人民解放军战史上陆空联合作战的先河。其经验教训无论在抗美援朝战争历史上还是在中国人民解放军作战历史上都具有重要意义。

作者：张校瑛，抗美援朝纪念馆副馆长、研究馆员

中国人民志愿军反"绞杀战"
取得重大胜利

　　1951 年 7 月，朝鲜停战谈判开始。8 月 18 日，侵朝美军趁朝鲜北部发生 40 余年罕见的洪灾，在发动夏季攻势的同时，出动大批飞机对志愿军后勤补给线实施"空中封锁交通线战役"，即所谓的"绞杀战"，妄图瘫痪我后方，窒息我前方作战力量，迫使志愿军接受其停战谈判中的无理要求。我志愿军在防空火力薄弱、技术装备和物资器材极端缺乏的条件下，以无比顽强的战斗精神，进行以铁路运输和公路运输相结合，以抢修、抢运和防空斗争相结合的反"绞杀战"斗争，建成了前后贯通、纵横交错"打不烂炸不断的钢铁运输线"，解决了作战物资补给的重大战略问题，彻底粉碎了敌人的图谋。抗美援朝战争的硝烟已经散去，反"绞杀战"已过去 70 年了，但这场战役仍然被世人传颂，成为我军 90 多年历史上光辉的一页。贯穿整个反"绞杀战"中体现出的战斗精神，成为我军世代相传的一笔宝贵的精神财富。

信仰铸就坚强

　　志愿军将士之所以取得反"绞杀战"的胜利，根本原因就在于对党的坚定信念，听党话，跟党走，坚信抗美援朝就是保家卫国、保卫世界和平，积极投身"抗美援朝、保家卫国"的战争。铁道部以东北铁路工程总队为主体，从西北铁路干线工程局、郑州铁路局、济南铁路局、上海铁路局、中国人民解放军铁路工程第 8 师、天津铁路管理局等单位抽调 5160 多名铁路职工、军人，迅速从四面八方紧急集结，在沈阳组建成"中国人民志愿军铁道工程总队"，奔赴朝鲜战场，在特殊的"前线"展开殊死决斗，用生命捍卫志愿军"生命线"的畅通。在"绞杀战"白热化的 10 个月中，铁路和桥梁成为双方争斗的焦点、厮杀的前沿、焦灼的战场，敌机在铁道工程总队辖区内共投下 47585 枚炸弹，进行了"滚动式""地毯式"轰炸。

"反轰炸、保抢运"，"轰炸—抢修—再轰炸—再抢修"，枪林弹雨中，千万将士，前仆后继，用坚定的政治信念和血肉之躯铸就的"打不烂，炸不断"的钢铁运输线，让美军嚣张的气焰一次次湮灭。美国空军"不可战胜"的神话，在潮水般英勇抗击的英雄面前，一次次破灭。"绞杀战"提出者、美第 8 集团军司令范佛里特不得不承认："虽然联军的空军和海军尽了一切力量，企图阻断共产党的供应，然而共产党仍然以令人难以置信的顽强毅力，把物资运到了前线，创造了惊人的奇迹。"战后，美国空军官方出版的《朝鲜战争中的美国空军》一书承认："对铁路线进行的历时 10 个月的全面空中封锁，并没有将共军挫伤到足以迫使其接受联合国军方面的停战条件的地步。"志愿军这股顽强的毅力，来自对共产主义的坚定信念，对中国共产党和祖国的无比忠诚，对世界和平的不懈追求。有了这种信仰、这种忠诚、这种追求，才有与强敌顽强斗争的决心和勇气，才有克服一切困难、战胜强大敌人的信心和办法，是信仰铸就了坚强的意志和决心。

勇于攻坚克难

在反"绞杀战"最艰难的第二阶段，美国空军将轰炸、封锁的重点转向位于清川江以南、平壤以北的新安州、价川、西浦铁路的"三角地区"，该地区是连接京义线、满浦线、平元线 3 条铁路干线的枢纽，是朝鲜北部铁路运输的咽喉。美空军平均每天出动 5 批 100 余架次飞机集中轰炸新安州至渔波、价川至顺川间长仅 73.5 公里的几段线路上，此后，又逐渐缩小轰炸范围，造成难以修复的深度破坏。4个月共落弹 38186 枚，平均每两米中 1 枚，致使该地区铁路 80% 的时间不能通车，志愿军物资运输供应遇到了难以想象的困难，战争的艰苦性、艰巨性和残酷性在世界战争史上也是空前的。猛烈的轰炸，无情的"绞杀"给官兵思想上、精神上造成了很大的威胁和压力。所有参加反"绞杀战"的部队在强有力的思想政治工作的保证下，发扬

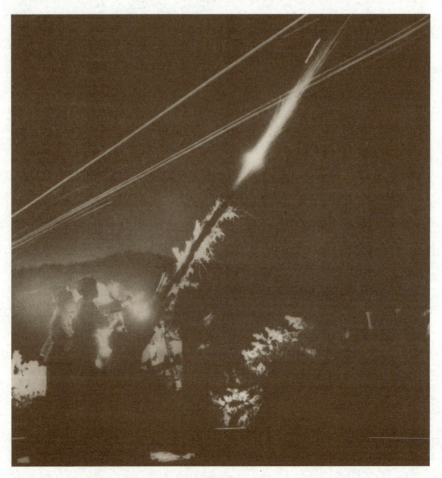

志愿军高射炮部队夜间向敌机开炮。（馆藏照片）

特别能吃苦、特别能战斗的精神，没有被暂时的困难和挫折所吓倒，在各种艰难困苦的面前，迎难而上，集智攻关，想方设法，战胜艰难险阻。英勇的志愿军官兵在险恶的斗争环境中和异国他乡的艰苦条件下，取得了一次次战斗胜利。为了及早修复通车，守护部队在当地朝鲜民众支援下，冒着头顶上敌机的频繁轰炸进行抢修。特别是冬季天寒地冻，一个弹坑深2米，上口直径3米，回填极其困难。无法取土，部队就打石块填埋，再铺设枕木、钢轨。敌机每隔3天或4天轰炸一次，甚至前次破坏的地方还没完全修复好，再次轰炸又被破坏了。不管敌机轰炸破坏得多么严重，部队都要随炸随修直至修复通车为止。

铁道工程兵为了加强"三角地区"的抢修，不仅增加兵力，还将兵力分为白天、夜晚两班，昼夜轮流替换。白班备料，夜班抢修，做到随炸随修，当天被炸，当晚修复，当晚通车。为提高抢修速度，夜间施工时，在道钉头上涂白漆，或用手电筒照明，或事先将弹坑上应铺的钢轨钉在枕木上，需要时便运上去，并用枕木排架法代替大弹坑填土等。为了减少桥梁被炸和被炸后少受损失，抢修部队均埋设了防震钢梁，白天拆除桥面鱼尾板，以减少被炸后牵连破坏，白天拆除几孔桥梁，晚上再架回，以迷惑美军飞机。在志愿军空军和高炮防空作战的掩护下，至12月9日，再次打破美空军对"三角地区"的封锁，并提高了抢修质量。美国空军在其战史中说："共军修路部队填补弹坑之快可以和F-80飞行员轰炸的速度相匹敌。共军从'绞杀战'一开始就已经能够迅速地修复被炸断的铁路，以保证铁路畅通"。

为了应对美军飞机对公路交通的封锁，保证公路运输的畅通和安全，公路抢修部队在重要桥梁、车站和地段修建大迂回线和便线、便桥，志愿军后勤部队想方设法，改善公路状况，全面加修、加宽、加固公路，朝鲜民众和人民军也参加了整修道路的施工，共投入157万个人工日，整修公路31条，新辟公路7条，共计2450公里，修建桥梁、涵洞 1206 座。还在公路两侧构筑了 8000 余个汽车掩蔽部，以便汽车遇敌轰炸时隐蔽。为了提高汽车运输的效益，志愿军后方勤务司令部为汽车运输规定了固定运输线的"分段包运制"和"吨公里制"，并在汽车部队中开展运输竞赛活动，调动汽车部队和司机的积极性。汽车司机在遇到敌机轰炸时，也采取许多办法保护汽车，或突然刹车、或猛踩油门，躲避轰炸扫射，有的在敌机轰炸扫射后，立即在汽车附近点燃早已准备好的破油桶或破旧衣布，假示汽车被炸中燃烧，以迷惑敌机。为了保证物资供应不间断，后勤部队和工兵部队按防空、防特、防盗、防潮、防湿、防霉烂的"六防"要求，在前线部队的近后方进行了普遍建库，至 1951 年底，共建库区 98 处，其中洞库 200 个、掘开式仓库 2601 个、露天仓库 5482 个、土洞库 672 个，这些库房可容纳 5475 车皮的物资，从而保证了前线部队的物资供应。

不怕流血牺牲

反"绞杀战"中，敌人始终把破坏志愿军铁路补给线作为实现其整个战略计划的重要组成部分，把 90% 的空军力量用来轰炸我方的铁路运输线，妄图封锁铁路交通，断绝我前方的后勤供应。敌机日夜狂轰滥炸，铁道、钢轨横飞；桥梁炸成两截；车站一片瓦砾。面对敌机的全面轰炸，志愿军将士奋不顾身，舍生忘死，冒着生命危险，以不怕流血、不怕牺牲的英雄主义气概，日夜抢修铁路，保障线路畅通。志愿军铁道抢修部队在反"绞杀战"的斗争中牺牲 643 人。在解放战争中曾荣获"登高英雄"称号的铁道兵第 1 师第 1 团第 1 连副连长杨连弟，多次出色完成抢修铁路大桥任务，在抢修东清川江大桥时，他带领一个排 12 次搭设浮桥，使几次中断的大桥顺利通车，并创造了"钢轨架设浮桥"法，保证了大桥的抢修。1952 年 5 月 15 日在抢修东清川江大桥时，被美军炸弹弹片击中头部牺牲，时年 33 岁，被志愿军总部追授为一级战斗英雄，后被朝鲜方面授予"朝鲜民主主义人民共和国英雄"称号。

除了在抢修时防敌空袭外，铁道部队还要冒生命危险，排除美机轰炸时投下的未爆炸的炸弹，其中大量的是定时炸弹。这些定时炸弹，浸入地下几米深，并且随时都有爆炸危险。铁道兵以不怕流血牺牲的革命精神和科学的态度相结合，及时排除这些定时炸弹。仅1951年10月，在"三角地区"就排除定时炸弹108枚。志愿军铁道工程总队战士郭金升，这个在战场担任巡道任务的普通战士，常把"炸死就算了，炸不死就见毛主席"口头禅挂在嘴边，在群英大破定时炸弹立功运动中，拆卸了几十种类型、数百枚定时炸弹，带出70多个徒弟，从他拆卸的炸弹里掏出炸药27吨，被称作"定时炸弹的克星""卸定时炸弹大王"，在朝鲜战场名扬全军、誉满国内外。1952年6月，中国人民志愿军司令部、政治部授予他"特等功臣"勋章。1952年9月，在新中国成立三周年，参加了中国人民志愿军归国观礼团，三次见到毛主席。国宴上，他作为英雄被指定向毛泽东主席敬酒。10月1日，在天安门观礼台，周恩来总理赞扬他"你拆掉的不光是炸弹，还拆掉了美国人的兵工厂"。朝鲜民主主义人民共和国最高人民会议常任委员会向他颁发"一级战士"勋章。正是由像杨连弟、郭金升这样无数英烈的鲜血和生命铸就了"打不烂、炸不断"的钢铁运输线，进而取得反"绞杀战"的最后胜利。

面对强敌敢打必胜

兵法讲：夫战者，勇气也。胜在得威，败在失气。以勇为主，以气为决。当敌我双方力量对比差距较大时，劣势一方的勇敢和信心就显得格外重要。只有树立敢打的信心，才能死打硬拼夺取胜利，这在反"绞杀战"的战场上体现得尤为明显。

　　1951 年 8 月，志愿军空军共有 12 个装备米格–15 歼击机（当时称驱逐机）的航空兵团。这 12 个团中只有航空兵第 3、4 师 4 个团技术比较熟练，其中航空兵第 4 师已经过实战锻炼，其他 8 个团技术相当生疏，只能在苏军或老部队带领下作战。志愿军空军装备的米格–15 飞机在作战性能上，与美军空军装备的 F–86 基本相当，但志愿军飞行员在这种飞机上只有十几小时至几十小时的飞行经验，最多不超过 100 小时，更谈不上空战的经验，而美军飞行员约有半数参加

交通线上的防空哨，日夜监视敌机，指挥着往来的车辆。（馆藏照片）

过第二次世界大战，飞行时间均在数百小时以上，最多的达 3000 余小时，具有丰富的空战经验。志愿军空军面临的对手是世界上第一流的空军。志愿军飞行员大多是陆军人员抽调来的，技术较差，战术运用不熟练，在兵力、技术、作战经验上处于绝对劣势。但年轻的中国人民志愿军空军展开他们稚嫩的翅膀，发扬勇猛顽强、敢打敢拼的战斗作风，敢于同强敌进行较量，勇敢地投入到反"绞杀战"的斗争中。在空战初期，志愿军飞行员的猛冲猛打，使美军极不适应。从 20 日起参加空战，9 月 25 日，空军航空兵第 4 师参加了双方共 250 余架飞机参战的大空战，飞行员刘涌新首次击落美军 F-86 战斗机。此后，空 4 师连续作战一个月，战斗出动飞机 508 架次，进行空战 10 余次，击落敌机 17 架，击伤 7 架，自身损失 14 架。毛泽东看到战报，挥笔写下"空四师奋勇作战，甚好甚慰"的赞语，极大鼓舞了航空兵第 4 师全体官兵的斗志。接替作战的航空兵第 3 师，在学习航空兵第 4 师作战经验的基础上，实行先打美机小机群，积累实战经验后再与美大机群作战的方针。10 月 18 日，首次与美空军多批百余架飞机的大机群展开激战，一举击落美机 6 架，其中，第 9 团一大队在大队长王海率领下，灵活机动，长僚机密切配合，一举击落 5 架。航空兵第 3 师不断总结经验，越战越勇，越战越精。11 月 23 日，第 7 团出动 20 架飞机，截击前往肃川轰炸的美 20 架 F-80，长僚机保持双机攻击，相互协同，打得主动，攻得勇猛，一举击落美机 7 架，击伤 1 架，自己仅伤 1 架，大队长刘玉堤创造了一次空战击落美机 4 架的纪录。

反"绞杀战"防空作战行动展开后，我高射炮兵主要部署在铁路线、桥梁等重要路段上，对"三角地区"进行掩护。志愿军高炮部队贯彻了"集中兵力、重点保卫"和"重点保卫、高度机动"的作战方针，英勇抗击有空中优势的美军空中力量。反"绞杀战"中，高炮部队根据朝鲜战场的特殊条件，为解决运输线路长、防卫物体多、防空兵力不足的问题，创造了高炮游动作战战法，在本部负责区域内广泛开展游击作战。如采取"昼缩夜伸"的战术，以连为单位沿交通线部署，傍晚进入阵地打击夜航敌机，拂晓返回原阵地。再如，一次战斗以后，转移至预备阵地，以原射击阵地作为假阵地引诱敌机袭击，造成我再次打击的有利机会。1952年3月3日，高炮第513团一天3次战斗，击落敌机9架，击伤敌机21架，自身无一损失。据1951年11月至1952年5月的统计，高炮部队与航空兵部队共同击落敌机712架、击伤敌机1389架，对打破美军的"绞杀战"起了决定性作用。在高炮部队担任掩护交通线任务以前，敌机投弹命中率为50%至70%。1952年上半年，在高炮部队防区内，敌机投弹命中率大大降低，只有5%左右，很好地保证了交通运输线的畅通。

万众一心战胜顽敌

在反"绞杀战"中，美军利用空中优势，用全面控制和重点破坏等方法，炸毁铁路、公路、桥梁和仓库，摧毁我方运输线和运输工具及武器、粮食等储备，还以少架多批的战斗轰炸机，昼夜不停地超低空扫射，不放过一人一车、一缕炊烟、一点亮光，妄图"绞杀""窒息"中朝前方军队。为粉碎敌人的"绞杀战"，志愿军反"绞杀战"部队在志愿军后方指挥机构的统一指挥下，上下一致，万众一心，同仇敌忾，保障交通运输线的顺畅，突破敌人的空中封锁线，出色地完成了物资运输任务。

反"绞杀战"开始时，志愿军铁道运输部队与抢修部队同心协力，密切配合，采取各种措施，利用能通车的铁路，抢运物资，保证前线的需要。针对铁路桥梁、线路被毁，铁路运输困难，采取与公路运输相配合，分段倒运的办法，把不通的桥与能通的线有机联系起来，保证物资的输送。在桥断的地区组织力量，利用汽车或水上运输工具，

志愿军雷达部队日夜警惕地监视着敌机。（馆藏照片）

将桥北岸卸下来的物资倒运送过江，再在桥南岸装车前运，使整个运输不停顿。在"三角地区"不能通车时，铁路输送与公路运输相配合，采取长区段倒运的方法，在"三角地区"以北大量卸车，囤积物资，作为吞吐点，再用汽车把物资倒运到顺川、德川、渔波等地，然后装火车运到前沿。

最经典的是防空观察哨与公路运输部队的配合。汽车运输，白天不能走，只能在晚上行走。而汽车在山区公路上又必须开大灯行驶。而敌机在夜间也进行巡逻，发现亮点即扫射轰炸。由于驾驶室马达轰鸣，敌机临空驾驶员也听不见，面对困难，后勤部队在主要公路干线上设置了防空观察哨，使汽车行驶有了可靠的"耳目"。对空观察哨监视美军飞机的活动，发现美机临空，及时发射信号、鸣枪，为过往汽车报警，汽车闭灯行动或暂作躲避，待美机飞过后发出解除警报信号，汽车继续开灯行驶。在反"绞杀战"中，大小30多条、2800多公里的公路线上，使用9个团2万余人的兵力，设置1560多个防空哨组，每隔1至3公里设置1组，很好地保护了公路运输，极大地提高了安全运输的效率。同时防空观察哨还担任维护交通秩序，配合警卫部队搜山清特，盘查可疑人员，消除匪特对公路运输的危害；协同工兵修补在管辖区内被破坏的道路，排除美军飞机投掷的定时弹、"蝴蝶"弹、三角钉、四角钉，打击低飞美军飞机等。这种万众一心、团结抗敌的精神，深扎在广大志愿军官兵的心中，同样也植根于中朝人民的心中。正是因为有了全国人民的强力支持，有了朝鲜人民和人民军的团结协作，志愿军才克服了种种艰难，保证了运输线的畅通，取得反"绞杀战"的胜利。

作者：庞维义，原沈阳军区副参谋长，少将

中国人民志愿军空军在
朝鲜战场打出国家尊严

1950 年 10 月初，以美国为首的"联合国军"已经越过三八线，大举向北进犯，朝鲜处境十分危急，我国安全也受到严重威胁。中共中央和毛泽东主席高瞻远瞩，并根据朝鲜劳动党和金日成的请求，作出"抗美援朝、保家卫国"重大战略决策，并于 10 月 8 日组成中国人民志愿军，准备赴朝参战。

毛泽东又一重大决策：空军赴朝参战

就在中国人民志愿军即将出国作战的前一天，1950 年 10 月 18 日，毛泽东主持召开高级军事会议，再次研究出兵朝鲜问题。会议首先听取周恩来访问苏联的情况介绍：当斯大林听到毛泽东作出出兵朝鲜的重大决策并需要苏联空军予以支援时，显得顾虑重重。他显然担心，因此卷入与美国的正面武装冲突，由此可能引发第三次世界大战。所以，他只答应派遣空军到鸭绿江北岸的中国境内驻防，不准备进入朝鲜境内直接掩护中国人民志愿军作战。

斯大林这一答复，令与会领导同志十分失望。毛泽东同志说："不要再对苏联出动空军掩护我军抱什么希望了，我们务必先走！没有苏联空军支援也要出兵！"

彭德怀作为志愿军司令员，非常急切地需要空军，现在，对苏联已经没有什么指望了，只有靠我们自己了。所以，他把目光聚焦在刘亚楼身上，掷地有声地说："空军司令官，我等着你的空军啊！"与会领导同志也都把目光投向刘亚楼。刘亚楼也语气铿锵地说:"请彭老总放心,不论苏联空军出不出动,我们都要克服千难万险,尽快把自己的空军队伍拉上朝鲜战场!"

刘亚楼紧急组建志愿军空军

根据这次会议精神,组建志愿军空军已是当务之急。作为新组建的人民空军司令员刘亚楼,责无旁贷地挑起了这副重担。但刘亚楼深知:人民空军从 1949 年 11 月 11 日诞生,到今天决定赴朝参战,还不到一年时间;空军组建后,实际上还没有一支严格意义上的空军部队;而空军第一支航空兵部队——空军航空兵第四混成旅,组建于 1950 年 6 月 19 日,到现在还不到 4 个月。在这种情况下,要马上组建起一支能开赴朝鲜战场参加作战的志愿军空军部队,谈何容易!

刘亚楼是毛泽东主席的爱将。他和彭德怀一样,都是临危受命,义无反顾地担起了紧急组建志愿军空军的重任。毛泽东主席之所以选中刘亚楼担任中国人民解放军空军第一任司令员,现在又责成他组建志愿军空军,是基于对他的了解和信任。

刘亚楼 18 岁入党,同年参加中国工农红军,从士兵一直当上红一师师长。在长征路上,他成为红军的开路先锋;特别是他夺取遵义城,为保证具有重大历史意义的遵义会议召开,立下了汗马功劳。他 28 岁,就以抗日军政大学教务长的身份,去苏联伏龙芝军事学院学习。毕业时,正赶上苏联卫国战争爆发,他参加了苏联红军,一直战斗到卫国战争胜利。1945 年回国,1955 年被授予上将军衔……

刘亚楼受命紧急组建中国人民志愿军空军,这是对这位战将又一次新的考验。面临我国空军的现状,特别是他在彭德怀面前拍过胸脯，尽快把自己的空军拉上战场，配合地面部队作战。刘亚楼寝食不安，运筹帷幄。11月4日，他特派一架军用飞机，专程到武汉把中南军区空军司令员刘震接到北京。刘亚楼开门见山地对刘震说："中央军委调你去东北军区空军工作的主要任务是，准备着手组建志愿军空军，参加抗美援朝作战，你将担任志愿军空军司令员。"

刘震没有一点思想准备，听了刘亚楼的谈话感到非常意外。因为，10月15日，他才就任中南军区空军司令员；11月2日，中央军委又是一纸调令，让他任东北军区空军司令员，还没来得及上任，这又被刘亚楼接到北京，商讨组建志愿军空军的事宜感到突然。他说："搞陆军建设和作战指挥我还有点办法，而搞空军作战指挥我却是毫无经验。"

刘亚楼说："你这次调动，可是志愿军司令员彭德怀点的将，经毛主席亲自批准的。我也很赞同中央军委的这一任命，我相信你肯定能担起这一重任。"刘亚楼说着，从桌上拿起纸和笔，列出志愿军空军领导机关的组织序列和军政班子人员名单。其中有：空军副司令员常乾坤兼任志愿军空军副司令员。刘震高兴地说："常乾坤副司令员，是老航校的校长，是搞航空的专家，又是我党最早学习航空的老首长，让他来兼任志愿军空军副司令员，我心里踏实多了。"

在中央军委和刘亚楼司令员的领导和帮助下，经过3个多月的艰苦努力，于1951年3月15日，志愿军空军领导机关在鸭绿江畔的安东（今丹东）正式成立。刘震为中国人民志愿军空军司令员，常乾坤任副司令员。为了便于同朝鲜人民空军统一指挥，联合作战，当时的志愿军空军领导机关的正式名称为"中朝空军联合司令部"，简称"空联司"，驻扎在安东四道沟，成为实施志愿军空军前线作战的指挥中枢。

毛泽东："空四师奋勇作战，甚好甚慰"

1950 年 12 月 21 日，中国人民志愿军空军第 4 师 10 团 28 大队，在师长方子翼、政治委员李世安率领下，进驻安东浪头机场。在机场北端的山头上，方子翼带领几名参谋搭起一个简易棚子，设立了指挥所。内部设备很简单，只有一部无线电台，一块标图板，一部电话机。这位经历过长征，以后又在新疆学过飞行的师长，就这样开始了空战指挥实践。

1951 年 1 月 21 日，方子翼迎来了志愿军空军第一次真正的空战。这天上午，浪头机场警报响起，美国空军出动 F-84 型战斗轰炸机 20

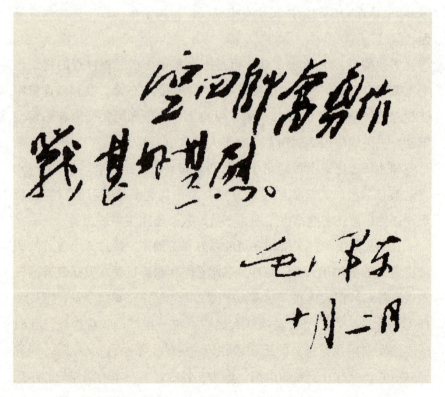

毛主席给空四师题词。（馆藏照片）

架，沿平壤至安州一带对铁路进行轰炸，企图阻止中国人民志愿军的后勤供应。方子翼当即命令28大队起飞迎战。李汉大队长率领战机立即起飞，向安州方向搜索前进。快接近安州时，发现美F-84型飞机正在1000米高度上空对清川江大桥进行俯冲轰炸。李汉率队冲向敌机群，不料却陷入了20多架敌机的包围之中。米格飞机的突然出现，使美机猝不及防。李汉趁机迂回到4架美机左侧400米处，瞄准敌长机就开炮射击，一举击伤，这是志愿军空军首次出击获得的第一个战果：击伤敌机1架，大大鼓舞了28大队全体指战员。

李汉时年26岁，首次空战，取得击伤1架敌机的战果，积累了一次空战经验。这场空中战斗，是历史上中国空军与美国空军的第一次交锋。虽然志愿军空军战术仍显得有些幼稚，但顽强勇敢的战斗精神却发挥得淋漓尽致，显示出初生牛犊不怕虎的坚强斗志。空军司令员刘亚楼接到捷报后，立即发出贺电，指出：这次战斗证明，"中国空军是能够作战的，是有战斗力的"。这次胜利，为志愿军空军以后在战斗中不断取得更大胜利，打开了一个良好的开端。29日，李汉再次对空作战，又击落一架敌机，成为志愿军空军击落美机第一人。

空4师10团继28大队之后，29大队、30大队和12团的各大队，也先后进驻浪头机场，进行实战锻炼。9月25日，大规模的空战开始进入高潮。当天，空4师从浪头机场出动4个团编队升空作战。12团副团长李文模率16架战机，飞到朝鲜安州地区作战，保卫清川江上的金川里大桥。这也是12团首次参加与敌方100多架飞机的大空战。12团飞行员李永泰，在战机军械系统全被打坏的情况下，却显得异常沉着、冷静与机智，他加大油门，且战且退，一会儿垂直跃升，一会儿盘旋下降，在敌机群中左冲右突，上下翻飞，用不规则的飞行动作，将敌机远远地甩在后方，驾着中弹30余发、负伤56处的座机，安全返回浪头机场，被战友们誉为"空中坦克"；飞行员刘涌新，虽初次参加空战，却显得格外机智勇敢。他单机对敌机沉着应战，竟然一炮击中一架 F-86 敌机，将其击落，创造了中国空军第一次击落远东空军 F-86 飞机的纪录！不幸的是，刘涌新也被敌机击落，英勇牺牲。12 团 2 大队大队长华龙毅，率 4 机出战。他身处险境却抓住战机，创造了一分钟内连续击落两架敌机的纪录。在自己的座机被击伤的情况下，沉着应战，又击伤两架敌机，自己安全返回浪头机场，创造了击落、击伤 4 架敌机的空战奇迹。远在北京的空军司令员刘亚楼对这次空战的战果无比高兴，他专门发电致贺："空 4 师 12 团虽然都是新手，但敢于同老牌的美国空军交锋，在上百架飞机的空战中，沉着冷静，必须承认这是一个胜利！"他还特地指出："对李永泰同志之机中弹 30 余发安全返回基地，应加以特别表扬。"

在 9 月 26、27 日两天，又进行了两次更加激烈的大空战。27 日，空 4 师 10 团 3 大队大队长邹炎击落 1 架 F-86 飞机。美国空军连连受挫，美第 5 航空队惊呼："这 3 天的战斗，是历史上最长最大的喷气式机战役。"并承认，志愿军空军"严重地阻碍着'联合国军'空中封锁铁路线的活动"。他们沮丧地说："战斗轰炸机除了扔掉炸弹四处逃命外，别无他法。"空 4 师取得的辉煌成果，使中央军委和毛泽东主席深感欣慰。10 月 2 日，毛泽东主席在中南海丰泽园看了空 4 师空战情况的报告后，显得特别兴奋，他欣然提笔，在空军送来的报告上批示："空四师奋勇作战，甚好甚慰。"毛泽东主席的关怀和嘉勉，极大地鼓舞了空 4 师全体官兵和所有参战的空军部队，大大增强了他们战胜敌人的信心和勇气。

在抗美援朝作战中，空 4 师表现异常神勇，在历时两年零八个月的战斗中，空 4 师战斗出动 384 批 4122 架次，与敌空战 69 批 914 架次。有 43 名飞行员在空战中获得战果，共击落击伤敌机 88 架：击落 64 架，击伤 24 架；其中 70% 是美空军最先进的 F-86 飞机。

毛泽东："向空军第三师致祝贺"

1951 年 10 月 21 日，空 3 师 50 名飞行员驾驶 50 架米格–15 型歼击机在师长袁彬、政治委员高厚良率领下，开进安东浪头机场，来到战斗的最前线，担任掩护泰川一带新修机场和安东至平壤一线交通运输任务。空 3 师进驻浪头机场，用 13 天时间做好各项作战准备工作。制定实战锻炼计划，请空 4 师同志介绍作战经验，学习他们击落敌机

志愿军空军一级战斗英雄刘玉堤，在抗美援朝战争中，共击落美国飞机 7 架。（馆藏照片）

的"诀窍""秘方",为真刀实枪与美军对决,做好充分的思想和战斗准备。

11月4日上午,雷达发现敌机6批128架次连续北犯清川江、定州、博州地区;其中2批50余架次于宁川、宁边方向策应,来势不凡。10时26分,7团副团长孟进奉命率领3大队,从浪头机场起飞22架米格飞机,迎击在价川策应的敌机。大队长牟敦康率僚机严忠祥,以小角度两次向右侧方的4架敌机勇猛攻击,在敌机群中连续射击,击伤敌机一架。与此同时,4号机副大队长赵宝桐率僚机范万章,紧随牟大队长之后,冲向敌机群,各击落敌机1架。3大队首次参加空战,就取得了击落敌机2架、击伤1架的优异战绩,振奋了空3师广大指战员的精神,为空3师以后的战斗开了一个好头。

继3大队首战击落、击伤敌机3架之后,刘玉堤又连续击落、击伤敌机7架,空3师威风大振。接着,王海大队在11月18日的空战中,创造了击落敌机5架,而自己无一损伤的优异战绩。1951年12月2日、5日、8日,空3师又连续参加3次大规模空战,与美国空军性能最好的F-86战斗机进行了生死较量。

12月2日,空3师第一次全师出动42架米格-15飞机参加空战,这是志愿军空军首次参加近300架飞机的大空战,也是空3师第一次与美F-86飞机作战。空战中,7团3大队副大队长赵宝桐击落2架F-86飞机;范万章在空战返航途中,发现3架敌机,得到带队长机同意出击的命令后,范万章迎头冲了上去,猛按炮钮,一架敌机被击中起火,坠向大海,另两架敌机则吓得亡命而逃。

12月5日,9团3大队4号僚机飞行员罗沧海,在一次空战中,仅在一分钟内,就像点名一样,来一架打一架,连续射击4次,击落敌机3架,创造了近、准、狠击落敌机的范例。

12月15日,9团副团长林虎率领16架飞机,与空14师42团协

志愿军空军一级战斗英雄赵宝桐，在抗美援朝战争中，共击落击伤美国飞机9架。（馆藏照片）

同作战，互相掩护，取得击落敌机9架、击伤2架的战果，创造了运用奇袭战法，以少胜多的成功战例。

　　空3师第一次参战，就显示了这个英雄群体的巨大威力，战绩辉煌，英雄辈出。其中，大队长赵宝桐击落敌机7架、击伤2架，刘玉堤击落击伤敌机8架；大队长王海、飞行员范万章各击落击伤敌机5架；飞行员焦景文击落击伤敌机4架；飞行员罗沧海、刘德林各击落敌机3架。空3师的首战胜利，不仅显示了年轻的志愿军空军在战斗中不断成长壮大，而且给予号称世界最强大的美国空军以沉痛打击，使他们的所谓"绞杀战"受到严重挑战，让他们再也不敢小瞧中国空

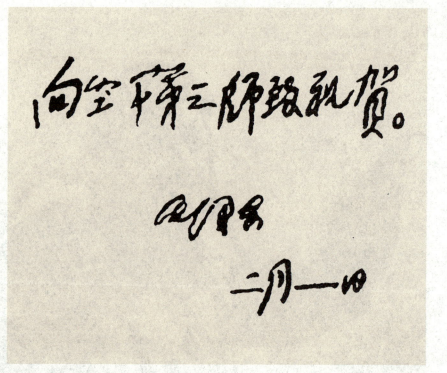

毛主席给空三师题词。(馆藏照片)

军了!

空 3 师第一次出征赴朝参战，就取得了重大战果。从 1950 年 10 月 21 日至 1952 年 1 月 14 日，参战 86 天，共战斗起飞 2391 架次，与美机在空中作战 23 次，全体飞行员击中敌机的有 31 人，占总人数的 62%，共击落击伤敌机 63 架。而空 3 师第一次出征时，仅有米格-15 战斗机 59 架，加上 2 架雅克飞机，总共也不过 61 架，却敢于同强大的美国空军大机群连续作战，并取得如此辉煌的战果，大展了年轻的中国空军的威风，大灭了敌人的嚣张气焰，使那些号称"老油条"的美国空军望而生畏！

1952 年 2 月 1 日，毛泽东主席看了空 3 师 86 天战况综合报告

由王海（前）率领的一个大队，在抗美援朝战争中，取得击落击伤敌机 29 架的战绩。（馆藏照片）

后，又一次为我空军勇敢善战和大无畏的英雄气概而激动。他提笔在报告上欣然写下"向空军第三师致祝贺"的批语。毛泽东主席的亲笔祝贺，既是空 3 师获得的最高荣誉，也是给予志愿军空军的最高奖赏。

空 3 师没有辜负毛泽东主席的期望，自 1952 年 12 月 11 日起至 1953 年 7 月 25 日，获得击落击伤美机 118 架的辉煌战绩，创参战部队之首。在抗美援朝战争中，空 3 师共有 63 名飞行员（其中 45 名 2 次）参战，共战斗起飞 255 批 3465 架次，实战 52 批 776 架次，共击落击伤敌机 118 架，其中击落 88 架，击伤 30 架，涌现出了王海、赵宝桐、刘玉堤、孙生禄等著名战斗英雄，以及击落击伤敌机 29 架的 9 团 1 大队"英雄王海大队"、击落击伤敌机 17 架的 7 团 3 大队 1 中

志愿军空军二级战斗英雄韩德彩，1953 年击落了美国空军"双料王牌驾驶员"费席尔·哈罗德·爱德华驾驶的飞机。（馆藏照片）

（注：美国空军规定：击落敌机 4—9 架为一料；击落 10—14 架为双料；击落 15 架以上为"三料"。）

队"赵宝桐英雄中队"等英雄集体。

中国人民志愿军空军在 2 年 8 个月的抗美援朝战争中，先后有歼击机 10 个师、轰炸机 2 个师参加战斗，共击落敌机 330 架，击伤 95 架，其中有：空 15 师 45 团飞行员蒋道平击落美军"首席三料王牌"飞行员麦克康奈尔；空 4 师 12 团 3 大队大队长张积慧击毙美军号称"空中英雄""双料王牌"飞行员戴维斯；空 15 师 43 团年仅 19 岁的飞行员韩德彩击落美军"双料王牌飞行员"费席尔……美国空军参谋长范登堡惊呼："共产党中国几乎一夜之间变成在世界上主要空军强国之一。"年轻的志愿军空军，打出了我军的军威，打出了年轻共和国的国家尊严，为抗美援朝战争胜利，创立了不朽的历史功勋！

作者：秦长庚，军委空军原第八研究所所长，高级工程师；
宋群基，中共丹东市委宣传部精神文明办原主任

中国人民志愿军铁道兵捍卫
"钢铁运输线"

　　我虽然不是抗美援朝战争的亲历者，但是，1965 年入伍到铁道兵部队后，经常听到领导和老同志讲过铁道兵的传统，尤其是抗美援朝时"打不烂、炸不断的钢铁运输线"的英雄事迹，感触很深。1984年我随部队到了解放军总后勤部系统工作，对抗美援朝战争的后勤保障情况有了进一步了解，感到讲抗美援朝精神不能不讲当时铁道兵团服务于战争全局，一切为前线胜利，英勇顽强、不怕牺牲的大无畏精神，这是一笔宝贵的精神财富，今天仍具有时代意义。

　　抗美援朝战争，以美国为首的"联合国军"所打的是现代化立体战争，我们志愿军所打的初期是单一的陆地战争，双方武器装备相差悬殊。现代战争在一定意义上就是后勤战、装备战，作战既是后勤，后勤也是作战。志愿军司令员彭德怀曾说，如果没有洪学智指挥的后勤司令部想尽办法动员各种工具，昼夜支援志愿军所需的粮弹物资，我们的指挥再高明再正确，志愿军也是打不了胜仗的。而铁道运输又一直是志愿军后勤保障的关键环节，早在 1950 年 12 月彭德怀同志就指出："若无火车运输，汽车白天又不能行驶，要想支持数十万军队继续南进作战是困难的，甚至是不可能的。"可见铁道运输在抗美援朝战争中的重要地位和作用。

百折不挠，履炸履抢修

　　志愿军在朝鲜战场作战，后勤供应与国内解放战争时期大不相同。志愿军所需装备基本不能取之于敌，生活等物资不能取之于当地。过去那种蒋介石充当我军运输大队长的情况已不存在了。运动战初期缴获物资虽多，却因美军采取破坏战场的方法，缴获到的装备很快被敌机大部炸毁，所余的与我军装备的型号也大多不一致，难于使用。随着战争的发展，参战部队增多，物资消耗巨大，运输线长，交通条件差，运输问题更加突出。空中威胁大，物资、车辆损失严重。加上志愿军入朝初期后勤力量薄弱，组织极不健全，又缺乏现代战争的后勤工作经验。因此，在整个运动战期间，后方供应工作满足不了前线的作战需要。在第一、二、三次战役中，对全军的粮食供应，仅达到需要量的1/4，弹药也只能重点补给。由于我们的供应问题，直接地影响了各次战役的决心、规模和进程，甚至给部队造成不应有的损失。志愿军经三次战役后，伤亡较多，兵员一时补充不上，而后方供应线又长达数百里，在美机不停地轮番攻击下，后勤供应出现严重问题，志愿军处于极端困难的境地，几乎无法继续作战。1951年2月，心急如焚的彭德怀急匆匆地秘密返回北京面见毛泽东主席报告情况，请示方针，请求尽快解决问题。1951年2月24日，在周恩来总理亲自主持的军委扩大会议上，彭德怀首先介绍了志愿军在朝鲜前线战况和作战中物资、生活、兵员等各方面存在的严重困难等情况。当会议讨论到支援前线作战具体问题落实时，一些领导开始强调自己部门的困难，如国内机构刚刚建立，困难重重……彭德怀本来就对苏联拒绝提供必需的空军、高炮部队的援助恼火，听后拍案而起，大声说："这也困难，那也难办，你们整天干的是什么？我看就是你们知道爱国，难道几十万志愿军战士们是猪？他们不知道爱国吗？你们到朝鲜前线看看，战士们住的什么，吃的什么，穿的什么！这些可爱的战士在敌人飞机、坦克、大炮的轮番轰炸下，就趴在雪地里忍饥挨冻，抗击敌人的猛烈进攻。美军士兵在雪地上铺条毯子趴在上面开枪，我们的战士却赤着脚，在零下 40 摄氏度的天气下追击敌人，脚都冻黑了，用手一扒拉，肉就掉下来露出骨头，他们还不是为了保卫国家吗？"会场肃然，鸦雀无声，只能听到彭德怀语带哽咽地怒吼："整个朝鲜由于战争的破坏，物资粮食根本无法就地解决，现在第一线的部队缺粮缺菜缺衣的现象相当普遍，其艰苦程度甚至超过长征那段时期，伤亡了那么多战士，他们为谁牺牲？为谁流血？现在既没有飞机，高射火炮又很少，后方供应运输条件根本没保障，武器、弹药、吃的、穿的，经常在途中被敌机炸毁，战士们除了死在战场上的，还有饿死的、冻死的，他们都是年轻的娃娃呀！难道国内就不能采取紧急措施了吗？"与会的许多人都曾经历过长征，其中不少人还是彭德怀的老部下，都被深深震撼了。周恩来很理解彭德怀的焦急心情，说："志愿军在彭老总领导下，在那样困难的条件下，取得许多胜利，值得我

铁道兵战士铺设路轨。(馆藏照片)

们后方的每个人学习，我们后方的工作做得不够好，要继续克服改进，有些具体困难前方同志不了解，说明不够。"随后，周恩来从国家全局的困难讲了三总部所遇到的困难、所做的努力。当彭德怀听到国家已将财政收入的 60% 以上用到抗美援朝上时，颇感意外。除了介绍客观情况，周恩来没有一句责怪彭德怀的大发脾气。在讲完客观情况后，周恩来将彭德怀的要求逐项作了落实，并征求彭德怀意见。心怀愧疚的彭德怀连声答道："我代表志愿军将士感谢大家！"彭德怀这次回国促使中央火速作出了一系列增援前线的决定，使国内的支援工作有了很大改善。

随着国内源源不断的装备物资和兵员支援，如何将这些数量巨大的装备物资和兵员及时地运往前线，在丧失制空权、公路运输又不能在白天使用的情况下，铁路运输无疑是解决这一困难的唯一选择。1950 年 10 月，中国人民志愿军入朝进行抗美援朝战争。同年 11 月，组建了中国人民志愿军铁道兵团，还成立了中朝联合铁道运输司令部，开始有 3 个铁道师、2 个铁道团，约 2 万人参战，后又有 6 个铁道师参战。抗美援朝初期，铁道兵面临的形势非常严峻。当时志愿军没有航空兵参战，以美国为首的"联合国军"占有绝对的空中优势。美军轰炸机执行轰炸任务不需战斗机护航，肆意低空追射道路上的朝鲜车辆和行人。志愿军入朝时，共有汽车 1300 辆，20 天内被美军飞机炸毁 600 余辆，志愿军后勤供应陷入严重困境。朝鲜战争中，美军始终把破坏志愿军铁路补给线作为实现其整个战略计划的重要组成部分。在 1952 年美军远东空军司令部召开的记者发布会上，远东空军第 5 航空队司令埃佛勒斯特中将自信地告诉记者们："对铁路实施全面的阻滞突击，将能削弱敌人到如此程度，以致第 8 集团军发动一次地面攻势即可将其击溃，或者能使敌人主动把部队撤至满洲境内附近，以缩短其补给线。"因此，轰炸与反轰炸、破坏与抢修的长期反复，构成了这场战争在铁路线上的主要斗争特点。

面对严峻的形势，为了缩短铁路中断时间，保持运输线畅通，我铁道兵团前方指挥所在沈阳及时召开朝鲜境内铁道抢修工作会议，制定了战时铁路抢修技术规范，提出以西线为主、兼顾东线、集中力量巩固后方运输方案。在前方铁道司令部的统一领导下，铁道运输部队、高射炮部队和抢修部队密切配合、协同作战，建立了"运输—抢修—防空"三位一体的后勤体制，铁道兵不畏强敌，不怕艰难险阻，不怕流血牺牲，英勇顽强，百折不挠，你炸我修，你再炸我再修，最大限度保障铁路畅通，大大提高了铁道运输效率，促进了志愿军后勤工作的改善和提高。三位一体的后勤体制在后来"联合国军"发动的"绞杀战"中充分发挥了效能，使美国飞机没能达到阻断志愿军后方运输供应的目的。

原铁道兵副政治委员崔田民提供了两组数字，充分反映出美军的野蛮、疯狂和志愿军铁道兵的英勇、顽强。

"自1950年11月到1953年7月停战的33个月中，敌人集中侵朝空军70%左右的兵力，对我铁路交通线进行狂轰滥炸，共出动飞机58967架次，对铁路线投弹达19万枚，即在通车的铁路线上平均每7米落弹一枚，相当于二战期间德国投在英国本土炸弹的1.5倍。累计破坏桥梁1607座次，线路15564处次，给水165处次，通信线路2952公里，隧道89座次。1951年夏，朝鲜又遇数十年未有的洪水泛滥。敌机的轰炸和洪水灾害给铁路造成了严重破坏。"

"志愿军铁道兵发扬勇敢顽强、不怕牺牲的战斗精神，共计抢修、抢建桥梁2294座次，隧道122座次，延长129公里，车站3648座次，延长161公里；搭线14691处次，抢修通信线路20994公里；铁路通车里程由战争初期的107公里增加到停战前的1382公里，创建了一条'打不烂、炸不断的钢铁运输线',在抗美援朝战争的史册上写下了光辉的一页。"

朝鲜战争期间,志愿军铁道兵抢修抢建铁路、桥梁,使铁路运力比战争初期提高了 7.5 倍,保障了"钢铁运输线"的畅通无阻。美军发言人在"绞杀战"失败后也不得不发出这样的感慨:"在差不多一年来,美国、南非、澳大利亚和其他盟国飞机一直在轰炸共产党的运输系统,但北朝鲜仍有火车在行驶","坦率地说,我认为他们是世界上最顽强的修筑铁路的人"。

斗智斗勇,全力保畅通

中国人民志愿军铁道兵不但有英勇顽强、不怕牺牲的战斗精神,还有异常的聪明和智慧。为了保畅通,他们群策群力、千方百计,发明了许许多多堪称世界铁路史上独一无二的创举。

1951 年 7 月下旬至 8 月底,朝鲜暴发 40 年未遇的大洪灾。洪流所至,交通中断,堤防大溃,房屋倒地,千辛万苦运上前线的物资装备被冲走毁坏。志愿军主要后勤集散地三登里是一片汪洋,连电线杆都沉到水底。而就在此时,传来情报,美国人要在正面战场发动秋季攻势的同时,针对志愿军后方最狭窄的蜂腰部进行长时间的毁灭性轰炸,美国人得意地称此为"绞杀战"。形势严峻,彭德怀对志愿军副司令员洪学智说:"洪大个子,敌人要把战争转到我们后方了。这是一场破坏与反破坏、绞杀与反绞杀的残酷斗争。前方是我的,后方是你的。你一定要千方百计打赢这场战役。"就这样,在彭德怀指挥中朝前线部队粉碎秋季攻势的同时,洪学智指挥打响了中国军队第一场诸兵种联合后勤战。志愿军后方铁道部队、工程部队、运输部队、公安部队、高射炮兵、航空兵、兵站仓库、医院等紧密协同,将中国人的智慧发挥到了极致,在千里交通线上与美

铁道兵在修筑朝鲜秃鲁江第四桥时，正值洪水期。指战员在激流中竖立钢轨架，搭设浮桥。
（馆藏照片）

国空军斗智斗勇，最终取得了奇迹般的胜利。

千里铁道线上，志愿军指战员在被洪水冲毁、敌机炸断的西清川江桥、东大同江桥和东沸流江桥头，集中1000多台汽车反复倒运、接运、漕运了2000车皮的物资，保证了路断、桥断，运输不间断。这就是抗美援朝战争历史上有名的"倒三江"！"倒三江"在志愿军受天灾、敌害最困难的时期起到了保障部队运输的关键作用。

诸如此类有效的办法还有"片面运输""合并运转""顶牛过江""当

当队""水下桥""爬竹桥"等。

朝鲜铁路基本单轨,美机又普遍轰炸,许多铁路场站不能会车,铁道兵干脆在可通车的夜晚,所有列车都向同一方向(或北或南)单方面发车,每次列车的间隔一般都只有 5 分钟。这种办法收到让人难以置信的效果,志愿军曾在一条单轨铁路上创造了一夜开往前线 47 列火车的世界纪录,相当于和平时期行车数的 2.5 倍,这就叫"片面运输"。

为突击抢运,志愿军铁道兵将两组以上的列车联成一组,同时用两三个车头牵引这条远远超过一般列车长度的巨龙。这种办法可以发挥突击抢运的最大效果,这叫"合并运转"。

那些夜里抢修起来的铁路桥承载能力差,经不起车头的重压,铁道兵想出一个绝妙的方法,在火车过江时将车头调到列车尾部,用车头顶着车厢过桥,桥对面再用另一个车头拉走,这叫"顶牛过江"!战后,苏联专门派专家来华了解学习中国铁道兵的经验,这些洋专家对于"顶牛过江"这类的土发明赞不绝口,认为如果在苏联,一定会获得重大科学发明奖!

战争期间,10 万吨美国炸弹落在仅有 1000 多公里的朝鲜铁道线上,这是世界战争史上的空前纪录。但炸弹落得越多,志愿军的铁路运输量增加得越快。1951 年 7 月,美机对铁路轰炸次数为 1 月的 5 倍,中国军队的铁路运输量却相当于 1 月的 2 至 3 倍。到 1952 年 5 月,美机轰炸次数相当于 1951 年 1 月的 63.5 倍,可是同期朝鲜铁路运输量又增加到 1951 年 1 月的 2.67 倍!

在这样顽强而有智慧的对手面前,美国人心服口服。战争史上规模空前的绞杀战发起不久,美国人就惊讶地发现:"朝鲜仍有火车在行驶","共产党中国不仅拥有几乎无限的人力,而且拥有相当大的建造力,共军在绕过被破坏了的桥梁方面表现了不可思议的技术和决心!"

志愿军铁道兵部队在抢修桥梁时，为躲避敌机轰炸，白天在隧道里工作。（馆藏照片）

不畏艰险，一切为前线

志愿军铁道兵们一切为了前线的胜利，不畏艰险，在血战美机的战斗中表现出了英勇顽强、不怕牺牲的大无畏战斗精神。铁道兵一师一个连队血战百岭川，76个昼夜扛住了26次大轰炸，全连伤亡99人，剩下40人仍坚持按时完成抢修任务。特等功臣郭金升一人竟拆掉了美机投下的数百枚定时炸弹，光炸药就掏出了27吨。

讲起铁道兵的英雄事迹，志愿军将士深深怀念全军闻名的"登高英雄"杨连弟。他在解放战争中修桥筑路，战功卓著。1950年9月，光荣出席了全国工农兵劳动模范代表会议，受到毛泽东和其他领导人接见，并在天安门参加了国庆一周年观礼。他参加中国人民志愿军奔赴抗美援朝前线，多次克服艰难险阻，出色地完成铁路抢修任务。

1950年11月，杨连弟和他的战友们，刚一踏上朝鲜的土地，第三次战役就打响了，通往前线的沸流江大桥被炸毁了。上级决定要在七天内修复，派杨连弟带领一个组完成钢梁起重任务。白天敌机轮番轰炸，他们只能在晚上劳作。现场没有灯，只能借着微弱的星光，冒着寒风作业。两个昼夜过去了，任务完成还不到1/10，大家非常着急。杨连弟心想，虽然敌机轰炸频繁，但两次空袭之间都有一段空隙。只要抓紧这些空隙时间抢修，就比摸黑干一夜的效率还高。他请示连长后，决心在白天进行抢修。在杨连弟精心组织下，躲过敌机的空袭，工程进展很快，沸流江大桥终于提前三天修复通车了。可是没有几天，美机再次把它炸毁。上级决定修建一条低矮的爬行便桥，以保证运输畅通。这时已被提升为副班长的杨连弟接受了挖土1700立方米的任务。僵硬的冻土和顽石给施工带来很大的困难，铁锹磨秃了，镐把震断了，工程进展仍然很慢。杨连弟想出了"掏空心""砸硬盖""深坑中间搭跳板"的办法，工程进度很快，提前三天完成了任务。

1951年3月，杨连弟加入了中国共产党，7月被提拔为副排长，随部队转战到朝鲜著名的清川江大桥。这座大桥位于满浦、平壤铁路线上，大量的军需物资不分昼夜从这里运往前线。这时，清川江大桥被40年来未遇的特大洪水冲毁，桥墩倒塌，铁轨沉落江中，运输中断。杨连弟所在连奉命接受了抢修任务，团指挥所限令8天完成。他提出用"交叉钢梁立在江底"搭浮桥的办法。在施工中，杨连弟抢在最前头绑钢轨，绑完一节，就顺着平伸出去的钢梁爬到尽头，悬空骑着再竖第二节交叉钢轨架，钢轨一根接一根伸向江心，突然一震，他两手扑空，一下掉到滚滚激流中，被战友们救出之后，他继续坚持战斗，经过几个昼夜的苦战，工程竣工了，满载军需物资的列车源源不断地通过这座浮桥开往前线。1951 年 9 月，杨连弟被选为志愿军国庆观礼代表团代表回到北京，并出席了全国铁路劳动模范代表会议。此后，他又随志愿军代表团在华北各地巡回报告英雄事迹。回到朝鲜前线后，杨连弟升为副连长。

1952 年 5 月上旬，美机对清川江大桥加紧轰炸，投下大量的定时炸弹。杨连弟带领他的连队顽强地战斗在清川江上。敌人连续轰炸，战士们连续抢修，始终保持列车顺利通过。然而，不幸的事情发生了，5 月 15 日清晨，杨连弟正在指挥战士校正钢梁，一颗定时炸弹爆炸了，弹片击中杨连弟的头部，鲜血洒在桥梁工地上，不幸牺牲，年仅 33 岁。随后，中国人民志愿军领导机关给他追记特等功，授予"一级英雄"称号，并命名他生前所在连队为"杨连弟连"；朝鲜民主主义人民共和国最高人民会议常任委员会授予他"朝鲜民主主义人民共和国英雄"称号，同时授予金星奖章、一级国旗勋章。

千里铁道线上，类似的英雄部队和英雄人物比比皆是。在整个抗美援朝战争中，铁道兵有 1136 名官兵英勇牺牲，2881 名官兵受伤，涌现了杨连弟等一大批英模，1.21 万人立功。

在敌人实行"重点轰炸"期间，铁道工程兵的同志们曾经豪迈地说："不管美国飞机怎样炸，我们保证前方战士每天有吃的，有打的！对于我们铁道战士们来说，胜利的意义就是让火车每天在铁路上跑。如果火车每天都在跑着，那就是说空中强盗失败了！"

美国飞机一直想破坏铁路运输以阻止志愿军的进攻。一开始，他们以为破坏车站就可以使运输瘫痪，于是他们把所有车站站台炸成一片瓦砾。但是，火车照样开着。接着美国飞机就开始轰炸桥梁，等到他们把重要桥梁都反复炸过了，运输仍然没有中断。有一个时期，敌机又专门轰炸隧道。但是，火车仍然往前开着。敌人不得不供认："一年多的重点轰炸，朝鲜的火车仍在继续行驶。"美国被俘的一个空军中尉很不理解地说："我们这样的炸，你们的火车还能通，真是奇迹！"

我们铁道工程兵的战士，都是好样的。正如他们的一位指导员所讲的："它炸了，我们就修；修好了，就通！不炸，我们就维修！别看铁路的样子难看，我们保证线路质量，叫它照样一小时跑几十里！"

谈到抗美援朝的胜利，彭德怀司令员曾经这样说过："朝鲜战场打胜仗，一半功劳归前方浴血奋战的同志，另一半功劳归负责维护交通、保证供给的同志，他们也是在冒着敌人的狂轰滥炸，天天在拼搏呀！"1951年，很少题词的彭德怀为志愿军铁道兵首届英模大会题词："战斗英雄和模范工作者是人民解放军的骨干，卫国保家的功臣，你们的事业是伟大而光荣的，值得全体革命军人学习和敬爱。"这是对志愿军铁道兵在抗美援朝战争中的历史功绩和英勇顽强、不怕牺牲的大无畏精神的充分肯定和褒奖。

作者，贾润兴，原中国人民武装警察部队副政治委员，中将

中国人民志愿军
卫生勤务保障的重要功绩

中国人民志愿军将士在抗美援朝战争中，为祖国人民立下不朽功勋的同时，也付出了巨大牺牲。2014 年 10 月 29 日，民政部、总政治部确认：抗美援朝烈士为 197653 名。抗美援朝期间，卫生勤务保障战线，为保证志愿军将士的生命安全也尽了最大的努力，共救治伤病员 838417 名，其中，伤员 383218 名，治愈归队 217149 名，达56.7%，为抗美援朝战争胜利作出了重要贡献。

70 多年后的今天，我们回顾抗美援朝光辉历史，总结历史经验教训，其中，认真总结卫生勤务保障工作，对于新形势下的现代化战争，仍具有参考、借鉴和启示作用。

战地救护英雄辈出，值得永远称颂

在抗美援朝战争中，卫生勤务保障战线涌现出一大批英雄、模范、功臣，创造了许多可歌可泣的英雄事迹。

1951 年 9 月 7 日，在中马山战斗中，中国人民志愿军第 42 军125 师 375 团 9 连卫生员贠宝山，随突击队行动，担负抢救任务。当胳膊和右腿中弹负伤，仍坚持救护伤员；在激战中腹部又受重伤，肠子流出腹外，忍着剧痛将肠子塞进腹内，继续爬行救护伤员，终因伤势过重壮烈牺牲，被追授"一级英雄"称号。1952 年 10 月上甘岭防御战役中，战斗极为激烈，志愿军部队转入坑道作战，坑道救护十分困难，运输线遭到严密封锁，卫生员、担架员伤亡很大，伤员运不下来。133 团卫生员陈振安在受敌包围中，连续 5 天 6 夜不眠，一面战斗一面精心医护 25 名伤员。他用棉大衣撕成敷料，煮沸消毒后包扎伤口，用箱板作临时夹板，将自己的干粮分给伤员吃，接石缝滴水给伤员喝，直到伤员脱离险境。还有，冒着敌人密集炮火，一人抢救 57 名伤员的彭万义同志；自己负伤不下火线，杀伤 30 多名敌人，抢救 51 名伤员的余有江同志；伏在伤员身上，保护伤员安全，使伤员脱险，而自己负伤两次仍坚持工作的一等功臣、担架员向家华同志；599 团卫生员高振德，在战斗中全连抢救员只剩下他 1 人，他不顾危险连续抢救伤员 128 名；597 团 5 连卫生员张郭锋，在轿岩山战斗中负伤，坚持不下火线，继续抢救 49 名伤员。

第 67 军在战役中，卫生员和担架员中涌现出一等功臣 5 名、二等功臣 32 名、三等功臣 419 名；金城川战斗中，602 团 8 连李文才小组 6 小时通过 800 米炮火封锁区，往返抢救伤员、烈士 29 名，自己

卫生员在阵地上抢救伤员。（馆藏照片）

无一人伤亡。230 医院原院长朱勇是其中的优秀代表，她当年 16 岁，随大部队踏上异国土地时，恰逢第二次战役打响，部队在开进途中，便遭遇敌机轰炸，她昏倒醒来后坚持随部队挺进，冒着敌机轰炸的危险，抬担架抢救伤员，1951 年深秋一个夜晚，她在洪水中背起一个伤员脱离险境，战后朱勇荣获一级战士荣誉勋章，荣立二等功。他们的英勇业绩将永远载入共和国史册，值得我们永远称颂。

战争残酷环境恶劣，卫勤保障艰难

抗美援朝战争中，敌人既有地面炮火优势，又握有制空权。敌机除以大编队机群轰炸城镇、铁路、桥梁外，并以歼击机小机群多批次钻山沟、毁村庄，桥梁被炸毁，交通被阻断。我各级救治机构都在敌机威胁之下展开工作，并常遭袭击。从前沿至团救护所又在敌人炮火射程之内，敌人经常以重炮密集射击，配合空军构成层层封锁区，以阻断我前运物资，后送伤员。大部分医疗机构、药材仓库都要建筑在地下或半地下，战役后方医院展开救治受限。战争开始前，考虑到这是一场双方实力相差悬殊的现代战争，我军可能会发生大量伤亡，中央军委决定在东北部署医院 93 所，10 万张床位；在朝鲜部署 39 所医院，23700 张床位。参战后由于环境条件限制，在朝鲜只部署了 12000 张床位，而且又因战局不稳，医院频繁转移，极大地影响伤病员的救治。由于战场残酷，环境恶劣，卫生人员救治伤员代价也十分巨大。战斗中炮火连续，伤员抢救后送困难，易遭再次负伤，增加阵亡几率。如第 38 军在 394.8 高地的战斗中，伤员的再次负伤率为 24.4%。由于同样原因，抢救人员伤亡亦大。如上甘岭战役中，运输队伤亡 1700 余人，占总伤亡人数的 14%，担架队 120 人战后仅 30 人存活，为了抢救一名重伤员，牺牲了 17 人。又如 1953 年金城进攻战中，第 67 军的 485 名抢救人员，由于抢救的时机不当，伤亡了 206 人。

伤情严重伤类复杂，救治难度很大

抗美援朝战争中，我军伤亡人数占参战人数的 26.20%，其中伤员占 20.2%，阵亡与伤员的比例是 1:3.36。伤员中炸伤的比例占 62.2%。敌人大量使用凝固汽油弹、燃烧弹，烧伤占 2%。伤情严重，重伤员占 1/3，战伤休克发生率高达 7%—10%。战斗中，被武器击中在阵地当即死亡或来不及送到团救护所而死亡者占 23%。志愿军以劣势装备而对武器装备优良的美军，火线抢救有这样的成绩也是难能可贵的。志愿军火线抢救成功率与第二次世界大战中美军的 1:3.1 和第四次中东战争中以色列军队的 1:3.1 相接近。但是，美

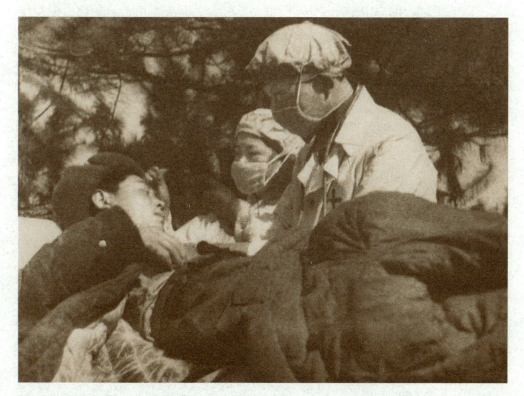

祖国人民志愿医疗队在朝鲜前线救护志愿军伤员。（馆藏照片）

军在战争中阵亡与伤员仅为 1:4.1，阵亡明显要低于志愿军。之所以美军阵亡少，根本原因是后送能力强。他们采用快速后送工具如直升救护机、装甲履带救护车，使许多濒于死亡的伤员在受伤后 4—6 小时到达师救护所，甚至越级后送到后方医院，从而得到优良的救治。而志愿军伤员后送的手段落后，轻伤靠步行，重伤主要靠人背和担架抬运，加之白天又不能行动，以致后送速度很慢，一些失血、休克伤员未及时送到团救护所救治即在阵地牺牲。特别是在运动防御和阵地防御战时，后送道路被敌封锁，伤员在坑道里滞留送不下来，常导致再次受伤或延误救治而死亡。如第四次战役阵亡与伤员之比为 1:2.30，上甘岭防御战为 1:1.85，阵亡相当高。在抗美援朝战争中，志愿军伤员死亡率为 5.66%，而美军由于后送能力强，伤员在 2 小时内可送到后方医院，6 小时可送到日本，10 小时可送回美国本土，从而使伤员的死亡率由第二次世界大战时的 4.5%，下降到 2%。

条件艰苦运输线长，伤员后送艰巨

在抗美援朝战争中，伤病员后送工作是卫生勤务最繁重、最艰巨的任务。作战区伤员后送最困难是从火线到团，没有汽车，只靠担架。1952 年，上甘岭战役后送一名伤员平均需要 72 个小时，整个战役运输人员伤亡 1700 余人，占总伤亡人数的 14%，担架队 120 人战后仅有 30 人存活；1953 年夏季进攻阶段，12 个小时到达团救护所的伤员只有 50%。经过敌军的狂轰滥炸，朝鲜的城镇和大多数乡村被夷为平地，当地供应和房舍均很困难，70% 的伤病员必须后送回国。但由于运输线长达四五百公里，四次战役为六七百公里。又因白天敌机活动频繁，后送大都在黑夜进行，防空稍有疏忽，即可遭敌机袭击而致伤亡。运输线常因敌机轰炸和洪水泛滥被阻断，因

伤病员经长途运转，被安全送到后方。（馆藏照片）

而出现伤病员在作战区、兵站区大量滞留，从阵地受伤送到国内需要 21 天。战争后期，我军改装野战卫生列车，成立护送队，改善后送条件，缩短了后送时间，大大降低了后送期间的死亡率。

疫源不明物资匮乏，卫生防病任务繁重

志愿军仓促入朝，很多保障没有预案。一是对朝鲜的医学地理情况不明，1951 年虱媒传染病在军内流行，共发生斑疹伤寒 5390 名，回归热 10682 名，发病率为 1.8%。部分部队发病率高达 2.9%—3.8%，同样造成了极大的非战斗减员。二是对作战环境不熟悉，对水文、气候、自然环境方面缺乏了解。第二次战役时值隆冬季节，由于对朝鲜气候地理情况了解不清和对严寒天气重视不够，部队缺乏御寒物资和

经验，全战役东西两线冻伤减员 50600 余人，占参战兵力的 14.5%。特别是第 9 兵团长期驻在江浙地区，入朝参战时冬装未发齐，部队长时间生活在零下二三十度的野外，以致发生冻伤 3 万余人，占参战人数的 22.1%。三是第四次战役部队大兵团连续机动，后勤保障更加困难，主副食供应不足，从 1951 年初到 1952 年 4 月夜盲症发生率高达 6.7%，个别部队达 40%。战争初期由于运输车辆不足，装备物资不能按时送到前线。据资料记载，从下达入朝作战命令至 10 月 24 日仍没有完成物资的储备计划。除部分物资被美空军轰炸损失外，大量物资仍滞留在鸭绿江边和铁路站点，未能送到指定地点。"天上挂灯，路上撒钉，地下炸坑"的朝鲜战场后勤环境更使我军供应艰难。

敌人使用细菌战，严重危害我军民健康安全

战争期间，美军进行了灭绝人性的细菌战，这又是我军从未遇到的新问题。动员全军粉碎敌人的细菌战争，维护部队的战斗力，成为当时志愿军卫生工作十分重要的任务，1952 年 1 月 28 日上午，美机在江原道平康郡我二线部队第 42 军驻地上空低盘旋，下午我军战士李广福在驻地平康郡金谷里内山洞一带的山坡雪地上发现了大批苍蝇、跳蚤和类似蜘蛛的昆虫，一片片地散布在约 200 米长、100 米宽的雪地上。李广福随即将这异常现象向部队领导作了报告。经昆虫学检查证明，从雪地上采集的昆虫标本有黑蝇、人蚤、红螨。细菌培养证明，在黑蝇体内带有霍乱弧菌，跳蚤带有鼠疫杆菌。之后又在其他地区也相继发现类似事件。如：1952 年 2 月 10 日晨，美机在开城东大院洞附近投撒黑蝇；11 日下午在铁原郡槐荫洞美机用纸筒弹投下大量苍蝇和带有鼠疫杆菌的人蚤；12 日下午美机在铁原郡马场面乃文里投撒大批黑跳虫、苍蝇、蜘蛛和跳蚤；17 日美机在平康郡佛加里投撒黑蝇；18 日晨美机又在平安南道平原郡东松面青龙里投撒大批苍蝇。

之后不久，美帝国主义更将细菌战延展到我国境内，美机先后在抚顺、新民、安东、宽甸、临江等地撒布大量带有病菌的毒虫。3月8日，我国外交部部长周恩来发表声明，严正抗议美帝国主义用飞机在我国境内撒布病菌毒虫。

为粉碎敌人的细菌战争，我军将灭杀工作与战斗任务结合，建立充实防疫队、检验队、机动传染病医院等进行专业检测和消毒灭杀，封锁疫区，宣传教育，发动群众，组织部队开展卫生运动，没有造成传染病的流行。

抗美援朝战争，是对于卫生勤务工作的一次重大的考验。在当时的环境条件下，志愿军卫生工作人员克服艰难困苦，发挥集体力量，贡献了每个人的精力，完成了任务，成绩是巨大的，在军事医学史上，占有重要地位。当前，针对朝鲜半岛战争危机，再次展开对抗美援朝战争我军卫生勤务工作特点的研究，就是以史为鉴，避免重蹈覆辙，更要举一反三，为我军现代卫生勤务建设提供一些参考。正确认识和总结抗美援朝战争这一特殊历史时期的经验教训，对于今后的战争应该有所裨益。

作者：袁永林，中国人民解放军原总后勤部卫生部副部长，少将

和银铃般的欢笑。不久，在'抗美援朝、保家卫国'的伟大号召下，她们又告别亲人和朋友，毅然跟随部队雄赳赳气昂昂跨过鸭绿江，成为一批志愿军女兵。"

"她们是勇敢的白衣战士，在残酷的朝鲜战场上，她们为抢救伤病员奋不顾身。第一次把自己的汗水和泪水流洒在重伤员身上和烈士的遗体上。她们吓哭了，但从此消除了心理上的恐惧，不再害怕见到阵亡将士的遗体和伤员的鲜血。在战地临时医院里，她们用稚嫩的肩膀和男同志一起扛木材，抬石头，搭建防空洞。背粮、挑水、造饭，样样参加。在极端艰苦险恶的异国战场，她们是一群天使和保护神。"

女护士徐秀云在火线上抢救伤员。（馆藏照片）

　　"她们是优秀的文艺工作者。志愿军战地有一支打不垮拖不烂的文艺鼓动队伍。其中姑娘占半数，她们个个都是多面手，能歌善舞，会编会演。无论进攻防御，她们都经常深入前线，深入防空洞、战壕、坑道，视指战员为亲兄弟，有的还帮他们洗衣缝补。其间创作了成千上万个短小精干的文艺节目。通过精彩表演，传达了祖国的声音，宣扬了英模事迹，总结交流了战斗经验，活跃了战地生活，鼓舞了士气，成为志愿军战斗力不可或缺的重要因素。"正如志愿军女文工队员尹玲转述时任第12军第35师师长李德生对女战士的评价说："你们是战斗的宣传员，你们说的快板，唱的每一首歌，对他们都是很大的鼓舞，是他们不可缺少的精神食粮，你们的慰问有时比我们下命令起的作用还大！"

　　"她们是各条战线的工作模范。在志愿军各级领率机关、各系统、各部门，随处可以看到她们的身影。女参谋、女干事、女助理员、女文秘、女文化教员、女接线员、女电报员；财务部门的女会计、女出纳，报社的女编辑、女通联、女记者等，她们以其女性固有的品格：自尊自强，不计名利，智慧、坚韧、细腻和柔情，出色地完成各自的工作任务，不断受到表扬。有的还立功受奖，获得更大的荣誉。"一言以蔽之，志愿军女战士发挥的作用是难以比拟的。

　　《志愿军女兵风采》的重要性，不但体现在它独特的史料价值上，更重要的是把抗美援朝精神用最质朴的语言，生动、鲜活地呈现在我们面前。如志愿军女战士卢霞友在书中回顾说："我们小组从安东（今丹东）过江到朝鲜新义州接重伤员，当时敌特活动猖獗，敌机狂轰滥炸，为确保伤员安全只能在夜间和朝鲜护送队的同志一起把伤员送上列车，途中遇敌机侦察扫射，我们立即停下，用自己的身体掩护伤员，有时抬送一名伤员中途要停多次，一夜之间要往返数次。有一天夜里我看见一名腿被炸断的伤员，拄着拐艰难行走，为了争取时间，

志愿军文艺工作者深入前沿连队，为英雄们表演"莲花落"。(馆藏照片)

当时只有十五岁的我，把他背起来就跑，当跑到列车车梯时，已累得筋疲力尽了，便顺势靠在了车梯旁，不小心头上的军帽掉了下来，那伤员看到我两条辫子，才发现我是个小姑娘，便懊悔地说，要知道你是个小丫头，宁可自己爬也不能让你背。"志愿军女战士文兴惠回忆说："夜里，两个人背着步枪、提着走马灯，从一个山坡到另一个山坡巡逻、观察伤员病情，防治，保护伤员安全。巡视完后，两人背靠背站岗，观察四周情况。当时不怕特务和野兽侵袭，也不怕牺牲，一心想着为保家卫国做贡献。"凡此种种令我唏嘘不止的同时，感受到鼓舞、振奋和激励。

最后我还想说的是，士兵是部队战斗力的基础。任何战争、战役和战斗的胜利，都是战士用一枪一弹、一滴血、一滴汗换来的。没有他们和她们的舍生忘死，就没有战争的胜利。

　　我想说，我们需要这样研究战争历史，需要像本书编者这样为普通女战士立传。我向志愿军老前辈们致敬，向英雄的志愿军女兵们致敬！你们昨天是，今天还是，明天仍然是"最可爱的人"。

　　　　作者：齐德学，中国人民解放军军事科学院军事历史
　　　　研究部原副部长，《抗美援朝战争史》（三卷本）
　　　　主编，少将

后 记

为纪念抗美援朝战争的伟大胜利，我们从抗美援朝纪念馆和抗美援朝精神研究会共同主办的、全国唯一的《抗美援朝精神研究》杂志发表的 400 多篇"原创"文章中，精选出 20 余篇中国人民志愿军抗美援朝征战纪实文章，每一篇都是十分难得、极其珍贵的历史文化资源，对于宣传抗美援朝光辉历史，歌颂志愿军丰功伟绩，传承伟大抗美援朝精神，必将发挥重要作用。

此书出版，要感谢志愿军老首长、老战士，共和国将军，抗美援朝专家学者及研究工作者，在没有稿酬的情况，积极认真撰写重要文章。出版此书以表达我们的感激之情。其实，这本书是广大作者和编者共同合作的成果，应该由大家一起分享。

此书出版，要感谢人民出版社的领导和编辑同志对本书的重视和支持，多次提出具体指导意见，保证出书质量，使本书具有真实性、史料性、知识性、可读性和收藏价值。

由于我们历史知识和文字编辑水平的局限，书中不足之处难免，敬请广大读者批评指正。

编 者
于抗美援朝"英雄城市"丹东